이매진 시시각각 04

과학……좌파

이매진 시시각각 04

과학······좌파

게리 워스키 지음
김명진 옮김

이매진

Gary Werskey, "The Marxist Critique of Capitalist Science: A History of Three Movements?" *Science as Culture* 16(4), 2007, pp. 397~461.

이매진 시시각각 04
과학……좌파

지은이 게리 워스키 **옮긴이** 김명진 **펴낸곳** 이매진 **펴낸이** 정철수
편집 기인선 최예원 김성현 **디자인** 오혜진 **마케팅** 김둘미
처음 찍은 날 2014년 1월 3일 **등록** 2003년 5월 14일 제313-2003-0183호
주소 서울시 마포구 성지5길 17, 301호(합정동) **전화** 02-3141-1917 **팩스** 02-3141-0917
이메일 imaginepub@naver.com **블로그** blog.naver.com/imaginepub
ISBN 979-11-5531-030-4 (03300)

- 환경을 생각해서 재생 종이로 만들고, 콩기름 잉크로 찍은 책입니다. 본문 종이는 그린라이트 70그램입니다.
- 값은 뒤표지에 있습니다.

일러두기

- 한글 전용을 원칙으로 했고, 독자의 이해를 도우려고 인명, 지명, 단체명, 정기 간행물 등 익숙하지 않은 이름은 처음 나올 때 원어를 함께 썼습니다. 주요 개념이나 한글만으로는 뜻을 짐작하기 힘든 용어도 한자나 원어를 함께 썼습니다.
- 단행본, 정기간행물, 신문에는 겹꺾쇠(《 》)를, 논문, 영화, 방송 프로그램, 연극, 노래, 그림, 오페라 등에는 홑꺾쇠(〈 〉)를 썼습니다.

이 도서의 국립중앙도서관 출판시도서목록(CIP)은 서지정보유통지원시스템 홈페이지(http://seoji.nl.go.kr)와 국가자료공동목록시스템(http://www.nl.go.kr/kolisnet)에서 이용하실 수 있습니다.(CIP제어번호: CIP2013028823)

2악장 알레그레토 스케르잔도 — 급진 과학, 1968~1988

3악장 론도, 테마 콘 바리아찌오네 — 다시 한 번 연주해줘, 샘?

옮긴이 해제 ─ 단기 20세기의 서구 좌파 과학 운동*

20세기는 과학기술의 긍정적 성과가 사회 전반으로 퍼져 나가 많은 사람이 이전의 어느 시기에도 비교할 수 없는 물질적 진보를 맛본 시기였다. 그러나 동시에 20세기는 과학기술이 만들어낸 산물들이 이전에 없던 새로운 문제들을 만들어내며 사회 전반에 어두운 그림자를 드리운 시기이기도 했다. 그 결과 핵무기, 과학기술의 군사화, 성차별, 인종차별, 환경오염, 제3세계의 저개발 등 과학기술에 직간접으로 연관된 문제들에 천착한 새로운 사회운동이 등장하게 되는데, 이런 사회운동에는 자신이 하는 과학 연구에 문제의식을 가진 과학자들도 크게 기여했다. 이 글에서는 2차 대전 이후 과학자들이 동시대의 여러 사회 문제에 대응하기 위해 참여한 사회운동의 역사를 영미권의 운동 조직들을 중심으로 간략히 살펴보자.

원자 폭탄과 양심적 과학자 운동

2차 대전 이전에도 미국에서 과학자들의 정치 운동이 없지는 않았지

* 한국과학기술학회 엮음, 《과학기술학》(휴머니스트, 근간)에 실을 예정인 글의 일부를 발췌해 요약했다.

만, 과학자들이 본격적으로 사회운동에 참여하기 시작한 계기는 2차 대전 때 최초의 원자폭탄이 개발돼 실전에 사용된 사건이었다. 과학자 수천 명이 참여한 맨해튼 프로젝트Manhattan Project를 거쳐 개발된 원자폭탄은 일본의 히로시마와 나가사키에 투하돼 2차 대전의 종식을 가져오지만, 과학자들의 반응은 엇갈렸다. 한쪽에서는 전쟁을 빨리 끝내 미군의 희생을 막는 데 기여했다며 기뻐했지만, 다른 쪽에서는 자신들의 과학 연구가 수십만 명의 목숨을 순식간에 앗아간 대량 살상 무기로 뒤바뀐 현실에 두려움과 윤리적 가책을 느끼면서 이런 무기를 통제해야 하는 책임이 자신들에게 있다고 믿었다. 이 중 뒤의 경우에 속하는 과학자들은 전쟁이 끝난 직후부터 조직을 만들어 본격적인 운동에 나섰다.

먼저 종전 직후인 1945년 말에 맨해튼 프로젝트에 참여한 과학자들이 주축이 된 원자과학자연맹Federation of Atomic Scientists이 결성됐다. 이 단체는 곧 미국과학자연맹Federation of American Scientists, FAS으로 이름을 바꿨고, 핵무기의 국제적 통제와 군비 축소, 과학자를 대상으로 하는 보안 규제 반대 등을 내세운 활동에 나서기 시작했다. FAS는 1950년대에 대기 중 핵실험을 반대하는 운동에 기여했고, 이 운동이 성과를 거둬 대기 중, 바다 속, 우주 공간에서 핵실험을 금지한 부분적 핵실험 금지 조약이 체결된 1963년이 지나면서 활동이 소강상태에 빠졌다. 제레미 스톤Jeremy Stone이 의장이 된 1970년에 다시 활동을 시작한 FAS는 미-소 군축 협상을 지지하고 안드레이 사하로프Andrei Sakharov 등 소련의 반체제 과학자를 위한 구명 운동을 펼치는 등 활발히 활동했다.

2차 대전 직후에 만들어진 또 다른 과학자 단체이자 매체로 《원자과학자회보Bulletin of Atomic Scientists》가 있다. 《원자과학자회보》 역시 맨

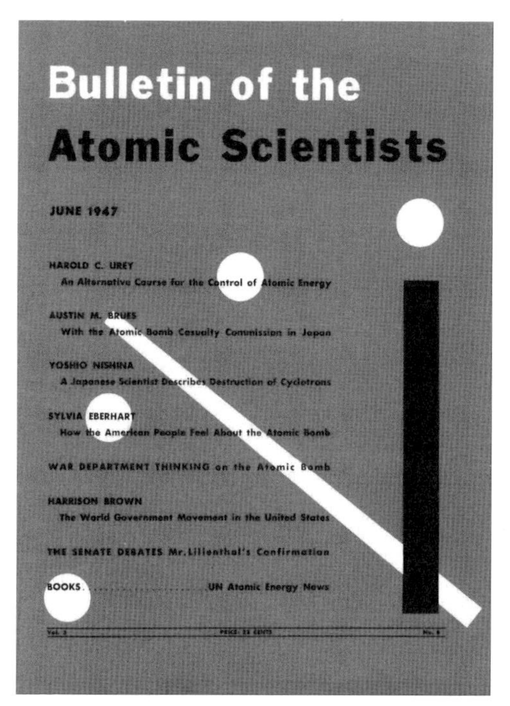

Bulletin of the
Atomic Scientists

JUNE 1947

HAROLD C. UREY
An Alternative Course for the Control of Atomic Energy

AUSTIN M. BRUES
With the Atomic Bomb Casualty Commission in Japan

YOSHIO NISHINA
A Japanese Scientist Describes Destruction of Cyclotrons

SYLVIA EBERHART
How the American People Feel About the Atomic Bomb

WAR DEPARTMENT THINKING on the Atomic Bomb

HARRISON BROWN
The World Government Movement in the United States

THE SENATE DEBATES Mr. Lilienthal's Confirmation

BOOKS .... UN Atomic Energy News

《원자과학자회보》 창간호 표지에 실린 '최후의 날 시계.'
핵전쟁이 불러온 파멸을 의미하는 '자정(midnight)' 전 7분을 가리키고 있다.
(출처: http://www.dailyherald.com/)

해튼 프로젝트에 참여한 시카고 대학교 금속연구소의 과학자들이 주도해 창간됐다. 원자폭탄이 전쟁에서 실제로 사용된 일에 충격을 받은 과학자들은 2차 대전 직후 시카고원자과학자Atomic Scientists of Chicago라는 단체를 만들었고, 1945년 12월에 잡지 《원자과학자회보》의 창간호를 냈다. 《원자과학자회보》 발간을 주도한 사람은 레오 질라드Leo Szilard와 유진 라비노비치Eugene Rabinovich다. 맨해튼 프로젝트에서 수석 화학자의 지위까지 오른 라비노비치는 1973년 세상을 떠날 때까

1957년 7월에 열린 첫 번째 퍼그워시 회의에 참석한 핵물리학자들.
(출처: http://www.mcmaster.ca)

지 무려 28년 동안 편집인 자리를 지키며 이 단체의 정신적 지주 구실을 했다. 《원자과학자회보》는 핵무기에 관한 대중의 인식을 제고해 군비 축소를 이끌어내는 목표를 갖고 있었는데, 특히 1947년부터는 핵무기 때문에 생기는 국제 정세의 긴장과 위협을 상징적으로 보여주는 '최후의 날 시계Doomsday Clock'를 표지에 실어 핵무기의 위협을 널리 알리는 데 기여했다. 처음에 핵무기의 국제적 통제를 강하게 주장하던 이 잡지는 미국과 소련 사이에 군비 경쟁이 속도를 더해가자 1950년대부터는 핵무기를 넘어서 과학기술에 관련된 다양한 사회 문제, 예를 들어 기아, 인구 폭발, 도시 문제, 에너지 위기 등으로 다루는 주제를 넓혔다.

2차 대전 이후 1949년 소련의 원자폭탄 실험, 1950년 한국전쟁 발발 등으로 점차 높아지고 있던 미-소 사이 긴장은 미국과 소련이 원자폭탄보다 수천 배나 더 위력이 큰 수소폭탄 개발에 각각 성공하면서 더욱 심각한 위기 상황으로 발전했다. 이런 상황 변화는 인간이 만들어낸 과학기술의 산물이 인류의 종말을 가져올 수 있게 됐다는 위기의식을 불러일으켰다. 그 결과 1955년 7월에 수학자이자 철학자인 버트런드 러셀Bertrand Russell과 세상을 떠나기 직전의 알베르트 아인슈타인이 주도한 '러셀-아인슈타인 선언'이 발표됐다. 두 사람을 포함해 모두 11명의 저명한 과학자(그중 9명은 노벨상 수상자다)가 동참한 이 선언문은 "전세계의 정부들이 전쟁을 통한 목표 추구는 가능하지 않다는 점을 깨닫고 공개적으로 인정한 뒤 모든 분쟁을 해결하는 과정에서 평화적 수단을 찾을 것을 촉구"했다. 아울러 이 선언문은 대량 살상 무기의 개발 때문에 생긴 위험을 평가하는 데 과학자들이 힘을 모으자고 호소했다.

이런 호소에 답해 맨해튼 프로젝트에 참여한 영국의 물리학자 조지프 롯블랫Joseph Rotblat을 중심으로 새로운 국제적 과학자 운동이 출범했다. 1957년 첫 회의를 연 캐나다의 어촌 마을 퍼그워시의 이름을 따서 과학과 세계 문제에 관한 퍼그워시 회의Pugwash Conferences on Science and World Affairs라고 불린 이 운동은 그 뒤 전세계를 돌며 매년 한 번 이상 회의를 열었고, 냉전 시기에 미-소의 긴장이 고조될 때마다 둘 사이를 잇는 비공식 채널 구실을 했다. 퍼그워시 운동은 1970년대 중반 학생 퍼그워시Student Pugwash가 만들어지면서 교육과 세대 간 가교의 구실도 아울러 맡게 됐다. 이런 공로를 인정받아 퍼그워시 회의와 롯블랫은 1995년 노벨 평화상을 받았다.

과학자들은 핵실험에서 나오는 대기 중 낙진의 위험성 문제를 제기하는 데도 앞장섰다. 생태학자 배리 카머너Barry Commoner는 1958년 4월에 워싱턴 대학교의 동료들과 함께 광역 세인트루이스 핵정보위원회Greater St. Louis Committee for Nuclear Information, CNI를 만들어 본격적인 운동을 시작했다. 그 전 해에 세인트루이스 지역에서 핵실험 낙진 수치가 인근 지역보다 높게 나타났다고 지역 언론이 보도한 게 계기였다. 이 보도는 방사능 낙진의 위험을 둘러싼 과학자들 사이의 견해 차이를 드러내며 공개 논쟁을 불러일으켰고, 불안을 느낀 지역 주민의 문의가 빗발치자 커머너는 방사능 낙진의 위험에 관한 정보를 수집하고 대중에게 제공할 단체의 필요성을 느끼게 됐다. CNI는 비정파적인 과학 정보 수집과 제공을 목표로 하는 공익 단체를 내세웠고, 세인트루이스에서 처음 만들어진 뒤 5년간 22개 지역에서 비슷한 조직이 속속 만들어졌다. 1963년에 부분적 핵실험 금지 조약이 체결돼 방사능 낙진에 관한 관심이 줄어들자, 핵정보위원회는 1967년에 환경정보위원회Committee for Environmental Information로 이름을 바꿔 다양한 환경 문제에 관련된 정보를 제공하는 단체를 지향하게 됐다.

68운동과 과학자 운동의 급진화

2차 대전 이후 1960년대 중반까지 과학자 운동의 주류는 자유주의적이고 개인주의적인 운동 모델에 기반하고 있었다. 이 모델에서는 양심적인 과학자 개인의 결단을 강조했고, 과학자가 가지고 있는 전문가의 권위에 바탕해 대중에게 정보를 제공하고 계몽하는 지위를 상정했다. 대체로 과학의 가치중립성을 믿었고, 과학은 쓰기에 따라 좋게도 나쁘게도 사용될 수 있다고 생각했으며, 자신들이 대학이나 연구 기관에서 수행하는 과학 연구 자체에 관해서는 전혀 의심을 품지 않았다. 그러나 1960년대를 거치면서 과학자 운동은 전혀 다른 급진적인 모습을 띠기 시작했다. 점차 과학은 중립적인 것이기보다는 힘센 사회 세력의 입김에 좌우돼 사회 구조를 불평등하게 왜곡하는 주범으로 인식됐고, 순수 과학의 보루이던 대학은 군대와 대기업의 영향 아래 변질된 공간이 돼 상아탑의 지위를 의심받기 시작했다. 대학을 휩쓸던 베트남전 반대 운동의 맥락에서 민주사회학생동맹Students for a Democratic Society, SDS 같은 학생 단체들은 대학에 속한 기관이나 연구소와 군대의 밀월 관계를 조사해 폭로하는 활동을 벌였고, 이런 폭로는 다시 베트남의 민중을 학살하는 데 기여한 과학을 향한 문제 제기로 이어졌다.

대학에서 벌어진 베트남전 반대 운동과 과학의 사회적 구실에 관한 근본적인 문제 제기가 만난 가장 극적인 사건은 1969년의 이른

MIT에서 3·4 행사를 준비하던 학생 활동가들이 교내에 차린 홍보 부스.
(출처: David Kaiser (ed.), *Becoming MIT*, p. 127)

1969년 6월 16일에 MIT의 기기연구소 앞에서 열린 군사 연구 반대 시위.
(출처: http://www.nature.com)

바 '3·4March 4' 운동이다. 이 운동은 매사추세츠 공과대학교MIT에서 물리학과 생물학을 전공하던 대학원생 4명이 주도해 시작됐다. 이 학생들은 베트남전 반대에 관한 학내 논의를 활성화하기 위해 1968년 11월에 과학행동조직위원회Science Action Coordinating Committee, SACC라는 조직을 만들었다. 처음에는 전쟁 반대를 탄원하는 서명 운동을 조직하는 온건한 활동을 펼쳤고, 교수 집단의 지지와 참여도 잇따랐다. 그러나 1969년으로 접어들면서 운동은 급진화하기 시작했다. 1969년 1월에 군대와 과학의 관계를 좀더 널리 알리고 깊이 고민할 수 있는 기회를 만들기 위해 과학자들이 하루 동안 연구를 중단하고 당면한 현안을 공개적으로 논의해보자고 제안하고, 행사 날짜를 3월 4일로 잡았다. 이런 결정은 언론에 과학자들의 연구 '파업'으로 묘사되면서 엄청난 반향을 불러일으켰고, 수십 개의 다른 대학으로 확산됐다. 3·4 행사를 준비하면서 SACC는 단지 과학의 '오용misuse'이 아니라 과학 그 자체의 제도적 기반(대학)과 군대의 지원을 받는 대학 연구를 공격하는 좀더 급진적인 견해를 내걸기 시작했다. 3월 4일에는 미국 전역의 30여 개 대학에서 수천 명의 학생과 교수가 참여해 시국 토론 등 다양한 행사가 진행됐다.

3·4 운동이 진행되는 과정에서 미국 과학자 운동의 가장 중요한 단체 중 하나가 생겨났다. 3·4 행사를 준비하던 상대적으로 온건한 교수와 대학원생들이 염려하는 과학자연합Union of Concerned Scientists, UCS을 1969년 3월에 만들었다. 이 사람들은 SACC가 내건 주장이 지나치게 급진적이라고 믿고 있었고, 과학의 존재 기반을 송두리째 무너뜨리기보다는 과학자들이 체제 쪽의 전문가에 맞서는 일종의 '대항 전문가counterexpert'로서 사회 문제를 해결하는 데 개입하고 기여해야 한다고

1970년 AAAS 총회에서 선전 활동을 하고 있는 민중을 위한 과학 활동가들.
(Owen Gingerich, *Album of Science: The Physical Sciences in the Twentieth Century*, p. 267)

봤다. UCS는 정부가 제공하지 않는 과학기술 정보를 언론과 대중에게 제공하는 권위 있는 정보원의 구실을 하려고 했다. UCS의 초기 운동을 이끈 사람은 MIT의 물리학자 헨리 켄달Henry Kendall과 경제학자 대니얼 포드Daniel Ford였다. 1970년대에 이 단체는 정보공개법을 활용해 핵 발전소의 안전성 문제를 둘러싼 논쟁에서 시민 집단의 가장 중요한 정보원 구실을 했다.

한편 과학계 내부에서 베트남전에 반대하는 움직임은 민중을 위한 과학Science for the People, SftP이라는 또 다른 급진 과학 운동 단체의 결성으로 이어졌다. 1967년 말 미국물리학회American Physical Society, APS를 개혁하려는 몇몇 물리학자들의 노력이 시작이었다. 캘리포니아 대학교 버클리 캠퍼스의 물리학 교수 찰스 슈워츠Charles Schwartz는 다른 분야의 전문 학회들이 베트남전에 반대하는 공식 견해를 속속 채택하는 반면 APS는 그런 행동에 미온적인 것에 불만을 갖고 있었다. 슈워츠는 APS의 기관지인 《오늘의 물리학Physics Today》에 편지를 보내 학회 차원에서 시사적인 쟁점에 관련된 방침을 정하는 회원 투표를 할 수 있게 정관을 개정하자고 요구했다. 이런 요구는 《오늘의 물리학》 지면에서 열띤 논쟁을 낳았지만, 1968년 5월에 진행된 정관 개정을 위한 투표는 큰 표 차이로 부결됐다. 그러자 슈워츠와 스탠퍼드 대학교의 물리학자 마틴 펄Martin Perl은 새로운 조직을 결성하자고 제안했고, 1969년 2월 APS가 주관한 학술 대회에서 사회·정치적 행동을 위한 과학자들Scientists for Social and Political Action, SSPA의 결성이 공식 발표됐다. 이 단체는 얼마 뒤 명칭에 엔지니어를 집어넣어 사회·정치적 행동을 위한 과학자와 엔지니어들SESPA로 이름을 바꿨고, 1970년부터는 새로 발간하기 시작한 기관지의 제호를 따라 '민중을 위한 과학'으로 알려지게 됐다.

이전 시기의 과학자 운동이 (과학의 오용은 피해야 하지만) 과학의 발전은 궁극적으로 진보이며 과학자는 중립적이고 우월한 전문가로서 사회에 기여해야 한다는 생각에 기반하고 있었다면, SftP는 그런 흐름에서 탈피해 과학적 전문성 자체를 의문시하고 지식과 권력의 관계를 재조명하며 과학이 민중에 봉사할 수 있는 길을 고민했다. SftP는 이런 인식뿐 아니라 문제 제기 방식과 활동 방식도 파격적이었다. 특히 수백 개의 과학 관련 학회를 거느린 상급 단체인 미국과학진흥협회American Association for the Advancement of Science, AAAS의 1969년, 1970년 총회에서 벌인 활동은 학계에 충격을 주고 단체의 이름을 널리 알렸다. SftP 활동가들은 엄숙함과 점잖음으로 대표되는 학회 분위기를 깨뜨리고 피켓팅, 시위, 의사 진행 방해 같은 수단을 동원해 요구를 관철하려 했고, 군사 연구에 깊숙이 관여한 과학자들에게 엉터리 상을 수여하거나 '범죄'에 관련된 기소장을 낭독하는 식으로 조롱했다.

이렇게 전국 차원에서 펼쳐진 몇 가지 활동을 빼면 SftP는 탈중심화된 조직과 활동 방식을 추구했다. 한때 수십 곳에 이르던 SftP의 지역 지부는 지역의 주민, 노동자, 운동 단체들과 연대해 자체 활동을 펼쳤는데, 관련된 쟁점은 산업 보건 문제, 베트남 민중 지원, 사회생물학 반대 활동, 페미니즘, 제3세계 농업 지원 등으로 매우 다양했다. 사회생물학 반대 활동은 특히 주목할 만하다. 1975년에 에드워드 윌슨Edward Wilson의 책 《사회생물학Sociobiology》이 나오자 하버드 대학교의 생물학자이자 SftP의 회원인 리처드 르원틴Richard Lewontin을 비롯한 몇몇 생물학자와 교사가 사회생물학 연구 그룹Sociobiology Study Group, SSG을 결성해 활발히 활동했고, 이 그룹은 1983년에 책임 있는 유전학을 위한 회의Council for Responsible Genetics라는 이름의 비영리 단체로 탈바꿈했다.

영국의 급진 과학 운동

영국의 급진 과학 운동은 68운동의 영향을 받아 1960년대 말에 시작되지만, 영국에는 2차 대전 전부터 저명한 과학자들이 과학과 관련된 다양한 사회 문제에 개입하는 전통이 있었다. 특히 '비저블 칼리지Visible College'라고 불리던 1930년대의 좌파 과학자 그룹이 중요한 구실을 했는데 여기에는 존 데스몬드 버널J. D. Bernal, 존 홀데인J. B. S. Haldane, 랜슬롯 혹벤Lancelot Hogben, 하이먼 레비Hyman Levy, 조지프 니덤Joseph Needham, 패트릭 블래킷P. M. S. Blackett 등 30여 명의 저명한 과학자들이 포함됐다. 1930년대 과학 좌파의 대표격인 버널은 1939년에 발표한 《과학의 사회적 기능The Social Function of Science》에서 과학을 기술적이고 사회적인 변혁의 원동력으로 보고 과학 노동자를 새로운 사회의 핵심이자 권력의 중심으로 그려내면서 이런 과학의 잠재력은 체계적이고 계획적인 사회주의 체제 아래에서만 온전히 발휘될 수 있다는 주장을 펼쳤다. 이 그룹은 이런 주장을 대중적으로 선전하는 작업에 나섰고, 과학노동자연맹Association of Scientific Workers을 조직해 과학자들의 권익을 보호하고 공공 연구 개발R&D을 확충해야 한다고 주장하기도 했다.

이렇게 1930년대 좌파 과학자들은 과학을 가치 중립적인 힘이자 해방의 잠재력으로 그려내고, 그 잠재력을 가로막는 자본주의 사회의 모순을 비판했다. 그러나 2차 대전에서 미국이 개발해 실전에 사용된 원자폭탄은 과학과 미래에 관한 낙관에 찬물을 끼얹었다. 이어진 냉전 체제에서 좌파 과학자들은 소련에 연관된 불온한 인물로 낙인 찍혀 활동 폭이 크게 줄어들었고, 1953년 스탈린이 세상을 떠난 뒤 스탈린 체제의 죄과가 낱낱이 드러나면서 사실상 정치적 사망 선고를 받았다.

그 뒤를 이은 1960년대 영국의 급진 과학 운동은 미국에서 SESPA, SftP, UCS 등 새로운 과학자 단체들이 등장하는 모습에 자극받아 시작됐다. 1969년 창립된 과학의 사회적 책임을 위한 영국 협회British Society for Social Responsibility in Science, BSSRS에는 구좌파, 자유주의자, 급진주의자 등 다양한 정파가 뒤섞여 있었고, 활동도 지역 지부나 주제별로 다양하게 펼쳐졌다. 작업장의 직업 보건 문제에 개입하고 인종주의를 비판하며, 과학과 페미니즘에 관한 논의, 통계학의 오용에 관한 폭로 등이 이어졌고, 기술이 북아일랜드의 정치적 억압에 기여하고 있는 현실에 관한 문제 제기도 있었다. 그러나 다양한 정파와 견해가 뒤섞인 BSSRS의 구성은 이내 내부 균열을 낳았다. 힐러리 로즈Hilary Rose와 스티븐 로즈Steven Rose 부부처럼 급진적인 견해를 가진 과학자나 마이클 스완Michael Swann과 존 자이먼John Ziman처럼 온건한 자유주의 성향의 과학자들은 이내 단체에서 탈퇴해 독자 행보를 펼쳤다. 그리고 미국에서 건너온 과학사가 로버트 영Robert Young이 이끈 급진 과학 동인Radical Science Collective이 1971년에 결성돼 1974년부터 《급진 과학 저널Radical Science Journal》을 발간하기 시작했다.

영국의 급진 과학 운동은 미국에 견줘 과학의 본질에 관한 이론 작업이 좀더 활발했고, 그 속에서 과학에 관한 다양한 급진적 관점이 개진됐다. 로즈 부부는 과학을 가치 중립적인 힘으로 바라본 버널 같은 구좌파 과학자들을 비판하면서 지능 지수IQ 인종주의나 사회생물학을 겨냥해 과학(특히 생물학)은 일종의 이데올로기라는 급진적인 이론을 제시했다. 급진 과학 동인은 과학을 가치 중립적으로 보는 버널의 견해와 과학을 이데올로기로 보는 로즈 부부의 견해를 모두 비판하고 나섰다. 그들은 미국에서 진행 중이던 노동 과정 논쟁의 영향을 받아 자본주의 아래에서 과학의 생산과 그 파급 효과를 이해하려면 과학을 일종의 노동 과정labor process으로 봐야 한다는 주장을 펼쳤다. 그러나 이런 주장이 지닌 흥미로운 잠재력이 이론적인 수준을 넘어 실제 과학의 생산 과정에 관한 사례 연구로 이어지지는 못했다.

서구 좌파 과학 운동의 현재

2차 대전 뒤에 생겨난 많은 과학자 운동 단체가 지금도 건재한 채 활발한 활동을 펼치고 있다. FAS는 50여 명의 노벨상 수상자를 포함해 5000명의 회원을 거느리고 있고, 《원자과학자회보》도 계속 발간되고 있으며, UCS는 8만 명의 회원과 4개 도시에 130명의 전임 활동가를 두고 매년 2000만 달러의 예산을 쓰는 거대한 단체로 성장했다. 이런 단체들은 한때 과학자 운동의 문제의식을 주도한 핵무기 반대나 군비 축소 같은 몇몇 주제에 국한되지 않고 좀더 폭넓은 주제로 영역을 확장해왔다. 1980년대에는 일명 '스타워즈 계획'으로 불린 레이건 행정부의 전략 방위 계획Strategic Defense Initiative, SDI에 반대하는 목소리를 냈고, 1990년대 이후에는 농업과 환경의 관계나 지구 온난화 방지 같은 주제로 관심 영역을 넓히고 있다.

상대적으로 온건한 전문가 중심의 과학자 단체하고 다르게 1960년대 말에서 1970년대까지 한 시기를 풍미한 급진 과학 운동은 쇠퇴의 길을 걸었다. 급진 과학 운동은 1980년대 들어 미국과 영국에서 보수주의 정부가 들어서고 신자유주의의 물결이 사회를 휩쓸면서 빠르게 동력을 잃었고, 미국의 SftP나 영국의 급진 과학 동인 같은 단체들은 1980년대 말에 활동을 멈췄다. 급진 과학 운동이 겪은 어려움은 사회 전반이 보수화된 탓도 있지만, 과학의 전문성과 지식-권력의 관계 자체에 근본적인 문제를 제기하는 것이 얼마나 어려운지를 잘 보여줬다. 이런 급진 과학 운동의 문제의식을 분명하게 이어받은 새로운 좌파 과학 운동을 다시 세우는 일은 이제 우리의 과제로 남아 있다.

참고 자료

나카야마, 시게루. 1982.《과학과 사회의 현대사》. 풀빛.

벡위드, 존. 2009.《과학과 사회운동 사이에서》. 그린비.

조홍섭 편. 1984.《현대의 과학기술과 인간해방》. 한길사.

홍성욱. 1999.〈급진적 과학운동〉,《생산력과 문화로서의 과학기술》. 문학과지성사.

Butcher, S. I. 2005. "The Origins of Russell-Einstein Manifesto." Pugwash History Series. http://www.pugwash.org/publication/phs/history9.pdf.

Egan, M. 2009. "Why Barry Commoner Matters." *Organization & Environment* 22(1).

McCrea, F. B. and G. E. Markle. 1989. "Atomic Scientists and Protest: The Bulletin as a Social Movement Organization." *Research in Social Movements, Conflict and Change* 11.

Mitcham, C. 2003. "Professional Idealism among Scientists and Engineers: A Neglected Tradition in STS Studies." *Technology in Society* 25.

Moore, K. 1996. "Organizing Integrity: American Science and the Creation of Public Interest Organizations, 1955-1975." *American Journal of Sociology* 101(6).

________. 2008. *Disrupting Science: Social Movements, American Scientists, and the Politics of the Military, 1945-1975*. Princeton: Princeton University Press.

Rotblat, J. 2001. "The Early Days of Pugwash." *Physics Today*, June.

Werskey, G. 2007. "The Marxist Critique of Capitalist Science: A History of Three Movement?" *Science as Culture* 16(4).

감사의 글

이 글의 초고는 2006년 3월 31일부터 4월 1일까지 '갈림길에 선 과학 — 지정학, 마르크스주의, 과학학 75년'이라는 주제로 열린 프린스턴 과학사 워크숍에서 발표됐다. 처음 발표를 요청하고 지원을 아끼지 않은 프린스턴 대학교의 마이클 고딘과 헬렌 트릴리에게 감사하며, 추가 토론이 진행될 수 있게 임페리얼 칼리지에서 훌륭한 세미나를 두 차례 열어준 데이비드 에저튼에게도 고마움을 전한다.

초고는 발표한 자리에 맞게 자본주의 과학에 관한 마르크스주의 비판의 역사를 제시하되 그런 비판이 우리가 오늘날 과학기술학STS이라고 부르는 분야에서 계속 진화 중인 하위 분과들에 연결되는 과정을 강조했다. 그러나 그렇게 쓴 글은 많은 심사위원과 독자에게 내가 좀더 관심이 있고 아는 것도 많은 20세기 정치 운동의 역사가 아니라, STS 자체의 역사를 서술한 것으로 받아들여졌다. 그래서 글을 고쳐 내가 다룬 주제들에 활력을 불어넣은 정치 이론과 실천들에 초점을 맞추는 한편으로, 과학사, 과학정치학, 과학사회학 같은 분야에서 마르크스주의와 비마르크스주의 논평가들이 서로 주고받은 영향에 관한 언급도 계속 살렸다. 이렇게 강조점을 수정하면서 앞으로 다가올 미래에 자본주의 과학에 관한 새로운 비판의 전망에 관해 좀더 간결하게 분석하는 글이 될 수 있었다.

이 긴 글을 쓰는 과정은 두 사람의 친절한 도움이 없이는 불가능했다. 시드니 대학교의 한스 폴스는 도서관을 이용할 수 있게 편의를 봐줬고, 아내 힐러리 휴즈는 우리가 함께 하는 사업을 3개월간 쉬어도 좋다며 사실상 '안식년'을 허가했다. 그리고 나를 《미네르바》의 서평 담당 편집인으로 위촉해 예전 직업과 다시 만날 수 있는 기회를 준 로이 매클라우드에게도 특별한 감사를 전하고 싶다.

아울러 여러 사람들이 전해준 이런저런 도움과 격려에도 고마움을 전한다. 로니 아르먼, 그레고리 블루, 마크 브레이크, 프란체스카 브레이, 스티븐 캐스퍼, 크리스 칠버스, 세이빈 클라크, 해리 콜린스, 안트 엘징가, 비다 에네바크, 켄 그린, 스티브 풀러, 로렌 그레이엄, 이프란 하비브, 크리스토퍼 햄린, 오렌 하먼, 데이비드 홀링거, 앤토니 호우, 앤드류 쥬윗, 에이드리언 존스, 앨런 존스, 존 크리그, 레베카 로웬, 도널드 매켄지, 안나-K. 메이어, 에버릿 멘델존, 패트릭 페티전, 존 픽스톤, 라비 라잔, 제리 라베츠, 제시카 라이니쉬, 사이먼 셰퍼, 헬레나 시한, 패트릭 슬레이니, 기어트 솜센, 매트 스탠리, 피터 테일러, 나시르 티아비, 스티븐 웰던, 그리고 가장 중요한 밥 영.

마지막으로 내 글을 《문화로서의 과학Science as Culture》에 실으려고 힘을 쓴 레스 레비도우를 비롯해 심사를 맡아준 심사위원과 논평자들에게 감사를 전한다. 언제나 그런 것처럼 이 글의 관점과 남아 있는 결함은 모두 내 책임이다.

서론

나는 학자뿐 아니라 참여자이자 관찰자로서 자본주의 과학에 관한 마르크스주의 비판의 역사와 전망을 이해하려 한다. 이런 시각은 1930년대와 1940년대에 영국, 프랑스, 미국에서 처음 유행했고 나중에 1960년대와 1970년대에 활력을 되찾으며 변화를 겪은 좌파 과학운동의 정치 이론과 실천의 기초를 형성했다.

두 시기에서 모두 전문 과학자이건 과학기술에 관심을 가진 사회분석가와 활동가이건 간에 사회주의 지식인들은 당대의 마르크스주의에 눈을 돌렸다. 그런 지식인들은 과학 활동의 역사적 동력이나 정치와 경제를 좀더 깊이 이해하고, 더 나아가 자본주의 과학에 관한 지속적인 비판 활동, 과학의 '사회적 책임'을 증진하기 위한 운동, '민중을 위한 과학'의 정신을 담은 실천 활동을 창출하기 위해 마르크스주의에서 도움을 얻으려고 했다. 이런 이론과 실천의 기획은 당대의 지배적인 사회주의 운동에서 주로 영감을 얻었고, 그 운동을 강화하려는 의도를 담고 있었다. 그런 정치적 신념은 과학사, 과학사회학, 과학정치학에 관련해 적지 않은 연구 성과를 만들어냈다.

이 두 시기는 과학의 사회적 관계가 취한 지배적인 형태가 서로 달랐을 뿐 아니라, 정치와 경제, 지정학적 세력과 갈등, 사회주의(와 페미니즘) 정치의 지배적인 형태 또한 서로 달랐다. 이런 점 때문에 두 시기에 각각 활동한 과학 좌파들도 중요한 차이를 드러냈다. 1930년대의 운동은 학술 과학academic science이 아직 상대적으로 자율적이고 인민전선Popular Front이 영국의 정치 생활에서 점점 더 강력하고 응집력 있는 힘이 돼가던 시기에 성장했다. 이 시기의 운동은 젊은 일류 과학자들이 주도했고, 정부가 과학 연구에 지원하는 자금을 늘리고 늘어난 자금을 평화적이고 사회적으로 생산적인 목적에 좀더 일관되게 활용하는 것을 주된 목표로 삼았다. 반면 1968년 이후 '급진 과학 운동'의 지도자들은 전후 자본주의의 구조 속에 좀더 완벽하게 통합된, 규모가 훨씬 커진 기성의 과학 체제에 맞서야 하지만 좌파의 정치적 응집력은 떨어진 상황에 직면했다. 이런 이유 때문에 종종 비과학자 또는 아주 젊은 연구자들이 이 운동을 이끌고 있었다. 이 사람들은 사회적으로 중립적인 '진보의 힘'으로서 과학에 관해 좀더 양가적인 태도를 취했고, 이론적 시각과 정치적 우선순위뿐 아니라 조직적 측면에서도 통일성이 크게 떨어졌다. 1930~40년대의 '인민전선 활동가'들이 주요 지지 세력들의 지지를 일정하게 얻어내고 좀더 가시적인 정치적 성과를 획득하는 과정에서 1960~70년대의 '급진 과학자'들보다 더 큰 성공을 거둔 점은 그리 놀라운 일이 아니다.

그러나 두 시기의 과학 좌파는 결국 공통의 운명을 공유했다. 극적인 지정학적 전환, 곧 1940년대에 냉전이 시작되고 1980년대에 좀더 공세적인 형태의 전지구적 자본주의가 승리를 거두는 동시에 소련이 붕괴하면서 냉전이 종식된 사건은 사회주의 좌파의 해체를 가져왔고, 여기에는 사회주의 좌파에 속한 과학 분파도 예외가 아니었다. 정치적 선동의 활력과 흥미가 쇠퇴했을 뿐 아니라 과학의 역사적 관계와 사회적 관계에 관한 저술에 영감을 주던 마르크스주의에 관한 관심도 줄어들었다. 보리스 헤센이나 J. D. 버널의 저술에 유독 강한 거부감을 드러내던 과학사가들의 반발은 1950년대에 특히 두드러졌고, 좀더 선동적인 영감이 빚어낸 《급진 과학 저널》의 성과물은 1980년대 이래로 주류 STS 학자들에게 대체로 무시됐다.

질문과 초점

마르크스주의에서 영감을 얻어 20세기에 두 차례에 걸쳐 펼쳐진 과학 운동에 관해 다음 같은 문제들을 논의할 생각이다.

- 마르크스주의 시각은 이 운동의 기원과 운명을 이해하는 데 어떤 도움을 줄 수 있는가?
- 이런 논의는 앞으로 생겨날지 모를 셋째 운동에 어떻게 도움을 주고 논의를 풍부하게 할 수 있는가?

또 초점을 분명히 하기 위해 다음 같은 제약을 둘 것이다.

- 미국의 발전보다는 영국 쪽에 좀더 초점을 맞추고, 프랑스의 상황은 거의 다루지 않는다.
- STS 분야 안에서는 다른 하위 분야보다 과학사에 좀더 초점을 맞추고, 다른 시각보다 마르크스주의적 시각에 집중한다.
- 서로 경쟁하는 마르크스주의의 여러 흐름 중에서는 1970년대 《급진 과학 저널》에 관련된, 절충적인 급진 자유주의적libertarian 마르크스주의의 편에 선다.
- 대학에 몸담은 과학자들의 상황이나 그 사람들에 관한 사회적 분석을 수행한 학자들도 종종 언급하겠지만, 이 연구의 목표는 동시대 과학의 사회적 관계와 그 관계가 뒷받침하는 사회적 지배 형태의 총체성에 관해 좀더 나은 이해를 촉진하고 그것에 좀더 효과적으로 도전하는 것이다.

이 글은 또한 어쩔 수 없이 자전적인 요소를 포함하고 있다. 나는 영국의 첫째 과학 좌파에 속한 인물들이나 그 사람들의 활동과 사회적 사상을 이해하려 애쓰며 10년에 걸친 짧은 학계 생활을 보냈다.[1] 그 뒤 30년의 간극을 두고 쓴 이 글의 첫 부분에서, 《비저블 칼리지 The Visible College》에서 다룬 시대와 장소로 다시 돌아가 그 내용을 좀더 일관된 마르크스주의 개념 틀로 다시 빚어내려고 했다.[2] 둘째 부분은 1970년대의 급진 과학 운동을 다룬 역사라기보다 일종의 회고록에 가까운 내용으로, 그때 나는 학자인 동시에 정치적 활동가 구실을 했다. 여기서 드러나는 시각은 어쩔 수 없이 부분적이며, 내가 가장 긴밀하게 관여한《급진 과학 저널》에 관련해서 가장 뚜렷하게 나타난다.

마지막으로 서술의 방법론에 관련해서 이 글에서 다루는 내용의 폭(과 분량)에 관해 변명을 조금 하자. 이전에 일어난 두 차례 운동이 남긴 이론적 기여와 정치적 실천은 커다란 전지구적 격변의 시기들을 풍미한 과학, 자본주의, 사회주의의 전망과 떼려야 뗄 수 없이 연결돼 있다. 로버트 보일처럼 이 사람들도 '훌륭한 일자리가 부족한 현실을 깊이 걱정한 나머지 인류 전체를 자신들이 책임지겠다고 나선 이들'이었다.[3] 이런 사정 때문에 과학 좌파의 실천은 물론 이론도 그 흐름을 촉진시킨 사회관계에서 발생한 폭넓은 위기, 그리고 그 흐름의 몰락으로 이어진 정치적이고 문화적19인 대응이라는 두 측면의 맥락에서 함께 살펴보지 않으면 안 된다. 두 시기의 과학 좌파 각각이 취한

1 Gary Werskey, *The Visible College: A Collective Biography of British Scientists and Socialists of the 1930s*, London: Allen Lane, 1978; and New York: Holt, Rinehart and Winston, 1978; 2nd edn, London: Free Association Books, 1988을 보라.

2 내 연구에 관한 좀더 완전하면서도 명시적인 자기비판은 Gary Werskey, "The Visible College revisited: second opinions on the Red scientists of the 1930s," *Minerva* 45(3), 2007, pp. 305~319를 보라.

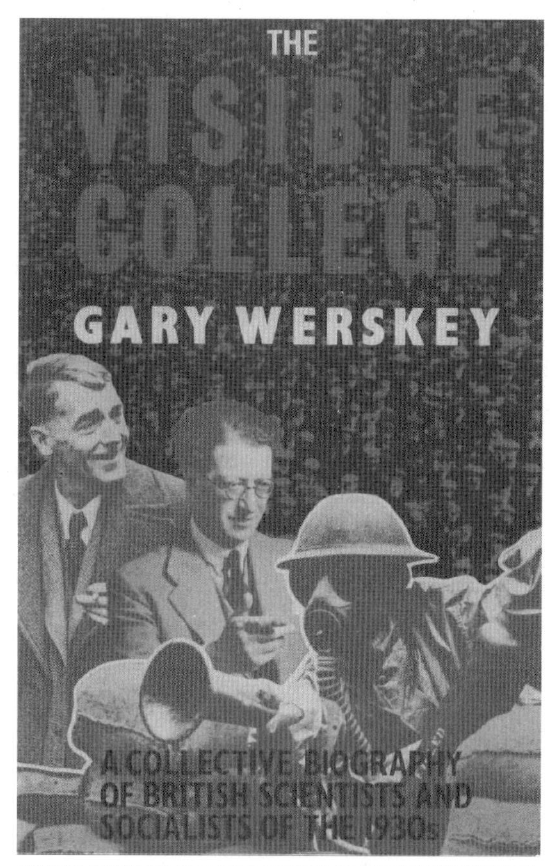

1930년대 영국의 과학 좌파를 다룬 저자의 책 《비저블 칼리지》(1978)의 표지.

궤적과 그 과정에서 성취한 업적을 이해하고 비교한 뒤, 우리는 과학 좌파의 역사와 관념이 자본주의와 거기에 연관된 기술과학technoscience 형태들에 맞서는 오늘날의 투쟁에 어떤 시사점을 주는지 생각해볼 수 있을 것이다. 마지막 부분이고 훨씬 짧은 3악장은 순전히 추측에 따른 내용이며, (마르크스주의적이건 아니건) 새로운 과학 좌파의 출현에 관해 내가 품고 있는 희망, 어떤 명확한 지식이나 낙관주의가 아닌 희망에 좀더 많이 근거를 두고 있다. 단순히 우리가 지닌 집단적 과거의 특정한 측면들과 현재를 다시 연결하는 게 아니라, 지금 여기에서 우리가 어떻게 나아가야 하느냐 하는 문제를 둘러싼 논평과 논쟁을 촉발하고 싶었다. 이 글 전체가 의도한 것도 크게 다르지 않다.

3 Robert Boyle, *Works* vol. 1, edited by T. Birch, London, 1744, p. 20; Margery Purver, *The Royal Society: Concept and Creation*, London: Routledge and Kegan Paul, 1967, p. 195에서 재인용(인용구는 1660년 창립한 현존 최고의 과학 학회인 영국 왕립학회(Royal Society)의 전신으로 흔히 일컬어지는 17세기 학자들의 모임인 '인비저블 칼리지(invisible college)'에 관해 로버트 보일이 설명한 내용에서 유래한다. 보일에 따르면 '인비저블 칼리지'의 회원들은 탁상공론이 아닌 실용적 지식에 기울어 있었고, 이런 지식을 인류 전체를 위해 쓰자는 포부를 갖고 있었다. 워스키는 17세기 잉글랜드의 학자들이 갖고 있던 이런 포부가 1930년대 영국의 좌파 과학자들 사이에서 되살아났다고 보고, J. D. 버널, J. B. S. 홀데인, 랜슬롯 혹벤, 하이먼 레비, 조셉 니덤 등 이 시기에 활동한 사회주의 과학자들을 지칭하는 표현으로 '비저블 칼리지(Visible College)'라는 용어를 만들어냈다 — 옮긴이).

1악장

알레그로 콘 브리오

— 영국의 과학 좌파, 1931~1956

Allegro con brio 빠르고 힘차게

여기서는 1930년대 영국의 과학 좌파의 촉매 구실을 한 주요 인물들로 넘어가기 전에, 먼저 1차 대전 전후 시기의 전지구적 자본주의와 영국 자본주의의 상황을 기술-과학 자원의 상태를 포함해서 간략하게 살펴보겠다. 이어 이 운동의 사회적 구성 요소들과 정치적 충성도, 대표적인 실천, 운동의 이론가들이 과학에 관한 사회적이고 대중적인 이해에 기여한 내용을 개관할 생각이다. 그리고 2차 대전이 끝난 시점에서 이 운동의 득실과 남겨진 유산에 관한 대차대조표를 만들어보면서 분석을 끝맺을 것이다.

혼란에 빠진 자본주의

영국에서 첫째 과학 좌파의 등장, 번성, 몰락은 에릭 홉스봄이 '인류 역사에서 가장 별스럽고 끔찍한 세기'[1]라고 부른 시기 중에서도 가장 야만적인 단계에 일어났다. 때는 많은 사람들에게 '정치 참여라고 하는 20세기 특유의 열정'[2]을 불러일으킨 시기였고, 부분적으로는 그 결과로 전지구적인 '30년 전쟁'을 지켜본 시기이기도 했다. 그런 전쟁에서 유일하게 위안으로 삼을 만한 대목은 전후에 마련된 해법들 덕분에 거의 반세기에 걸쳐 재앙을 빚어내던 국제적 경제 불안정과 인간 대학살이 일시적으로나마 종식된 점이었다.

이런 격변의 많은 부분은 자본주의 세계 경제의 점증하는 고통에서 비롯됐다. 1914년 시점에서 자본주의 세계 경제에는 국제적 안정과 질서 잡힌 경제적 팽창을 유지해줄 수 있는 패권 세력이 존재하지 않았다. 영국은 여전히 전세계에서 가장 강대한 국가였지만, 영국의 전지구적 헤게모니는 독일과 프랑스, 뒤이어 미국의 지속적인 산업적이고 제국주의적인 도전에 맞서 크게 약해져 있었다. 19세기의 삼사분

1 Eric Hobsbawm, *Interesting Times: A Twentieth-Century Life*, New York: Pantheon, 2002, p. xii(이희재 옮김, 《미완의 시대》, 민음사, 2007)

2 Ibid., p. 11.

기 이후 계속된 이런 제국주의 국가들 사이의 경쟁 관계는 관세 장벽과 군사력 강화를 통해 국내 시장과 해외 식민지를 보호하는 국가의 중요성이 커진 데서 잘 드러났다. 경제적 민족주의의 강화는 현대적인 대규모 산업의 성장과 국제 금융을 촉진하기도 했지만, 이런 투자에 관한 적절한 경제적 보상을 실현할 수 있는 기회를 제약하기도 했다. 그 결과 나타난 '과잉 생산'의 위기는 한편으로 보호주의, 민족주의, 국제적 긴장의 증가를 부추겼고, 다른 한편으로 이런 위기를 만들어낸 자본주의 체제에 맞선 노동 계급과 사회주의 운동의 반대가 커지는 결과를 낳았다. 이런 반대 운동이 공공연하게 국제주의를 표방하면서도 자신의 적인 지배 계급처럼 단호하게 민족주의적이고 국가중심적인 태도를 취한 것은 역설적이면서도 불가피한 일이었다.

경제적이고 정치적인 이런 모순을 해소하려는 시도인 1차 대전은 지독하고 살인적인 재난이었다. '총체적 승리'를 거두려고 싸운 영국, 독일, 프랑스는 자기 자신을 강력한 '전쟁 국가'로 조직했고, 군인과 민간인을 모두 현대적 '총력전'의 공포에 동원하고 또 노출시켰다. 결국 이런 갈등은 '승전국과 패전국을 모두 폐허로 만들'었고, '패전국을 혁명으로, 승전국을 파산과 물자 고갈로' 몰아넣었다.[3] 전후에 더 많은 안정을 가져올 수도 있었던, 상대적으로 상처를 입지 않은 유일한 자본주의 열강 국가인 미국은 '구세계'에 관심을 끊고 확고한 고립주의로 후퇴했다. 이런 태도는 월가의 대폭락을 통해 전례 없는 규모의 전지구적 공황과 또 한 차례 세계 대전의 전망을 촉진했을 뿐이다.

3 Eric Hobsbawm, *The Age of Extremes: A History of the World, 1914-1991*, New York: Pantheon, 1994, pp. 29~30(이용우 옮김, 《극단의 시대》, 까치, 1997).

대학살과 혼란이 지나간 뒤 전세계의 많은 사람들, 심지어 영국의 지식 귀족층[4]도 자국의 정치 지도자들에 환멸을 느끼고 자유방임 자본주의와 제국주의에 맞선 집산주의적 (그리고 권위적) 대안에 좀더 열린 자세를 보인 것은 그리 놀랄 일이 아니다.

전쟁과 평화 속의 과학

자본주의 열강들이 지닌 기술-과학의 능력, 조직, 방향은 1차 대전과 그 직후 시기를 거치며 커다란 변화를 겪었다. 그러나 변화는 1차 대전 이전부터 이미 시작되고 있었다.[5] 이 시기에 제국주의 국가들은 기술 인력을 대대적으로 확충하는 데 자금을 대기 시작했다(가장 두드러진 사례는 영국이다). 이 인력들은 종종 중류층이나 하류층 또는 전문직 가계 출신으로 새롭고 점차 자의식을 갖춘 과학자와 엔지니어 전문직을 구성했고, 대부분은 민간 산업체나 이른바 '과학 기반'의 화학, 전기, 제약 부문에 속하는 정부 기관에 소속돼 국내 또는 해외 제국에서 일하는 교사, 연구자, 행정가로서 일자리를 찾았다. 그중 소수는 몇 안 되는 대학과 연구소에 남아 이미 '순수' 과학으로 알려져 있

4 Noel Annan, *Our Age: Portrait of a Generation*, London: Weidenfeld & Nicholson, 1990.
5 David Edgerton, "British scientific intellectuals and the relations of science, technology, and war," in Paul Forman and José M. Sánchez-Ron(eds), *National Military Establishments and the Advancement of Science and Technology: Studies in 20th Century History*, Dordrecht: Kluwer, 1996, pp. 1~36; David Edgerton and John V. Pickstone, "Science, technology and medicine in the United Kingdom, 1750-2000," in Ron Numbers(ed.), *Cambridge History of Science, Vol. viii, Modern Science in National and International Context*, Cambridge: Cambridge University Press, forthcoming; Roy MacLeod, "The social function of science in Britain: a retrospect," in Helmut Steiner(ed.), *J. D. Bernal's The Social Function of Science, 1939-1989*, Berlin: Akademie-Verlag, 1989, pp. 342~363; John Pickstone, *Ways of Knowing: A New History of Science, Technology and Medicine*, Manchester: Manchester University Press, 2000, esp. pp. 162~188.

던 활동을 추구해 특히 물리학에서 대단한 성공을 거뒀다. 전반적으로 1차 대전 이전의 독일은 이런 과학의 사회적 관계의 모든 측면에서 제국주의 열강들 중 최강으로 여겨졌고, 이런 상황은 라이벌인 영국이 동요를 일으킨 원인이기도 했다. 그렇지만 1914년 이전에는 국가적 과학 역량에 관한 관심이 우리가 오늘날 과학기술학이라고 부르는 분야의 연구를 자극하거나 과학 국제주의의 쇠퇴를 가져올 정도는 아니었다.

그러나 1차 대전을 계기로 유럽의 교전국들은 과학기술을 군사화해 자본주의와 제국주의에 기여하는 방향으로 좀더 완전히 통합했고, 과학 노동자들 역시 더욱 커진 사회적 인식과 자기 인식을 갖게 됐다. 전쟁이 빨리 끝나지 않을 것이라는 점이 일단 분명해지자 영국 정부는 재빨리 산업과 과학 분야에서 자원을 동원하기 시작했고, 자체적으로 보유한 연구 시설과 공장에서, 또 민간 산업체에서 이런 자원을 군사 목적에 활용했다. 대학의 몇몇 과학자와 기술자는 독가스, 비행기, 탄약처럼 과학을 활용한 무기를 생산하는 일에 직접 종사했고, 아무도 양심의 가책을 받지 않았다. 과학은 또한 테일러주의에 입각한 새로운 과학적 관리 체제와 피로 연구fatigue studies를 통해 생산에 좀더 직접적으로 개입했다. 규모가 커진 연구 개발 조직에서는 대학을 나온 많은 기술자와 과학자들이 지시받은 문제를 풀기 위해 면밀한 감독 아래 팀을 구성해 일하게 됐다. 이런 조건들은 계급의식과 전문직 의식의 성장을 촉진했고, 그런 변화의 표현 중 하나가 바로 영국과학노동자연맹National Union of Scientific Workers, NUSW이었다.

전쟁은 영국 정부와 산업 자본의 여러 부문에 중요한 유산을 남겼다. 제국주의적이고 경제적인 이해관계를 증진하기 위해 기술-과학 지식에, 때로는 기성 과학계에도 더 큰 구실을 부여하게 된 것이다. 데이비드 에저튼이 설득력 있게 주장한 대로 양차 대전 사이에는 국가가 대체로 주도권을 갖는 군산 복합체가 확립됐다.[6] 이런 형태는 공공 자금의 지원을 받는 연구 개발의 3분의 1 이상을 차지했고, 대학, 산업체, 국가의 과학 기구 전반에서 점차 중요성을 더해가고 있던 네트워크와 연구 프로젝트들을 촉진했다. '전쟁 국가'는 과학 정책이 수립되는 과정을 뜯어고쳤으며, 자체적인 민간 연구 프로그램을 조직해 이것이 민간 산업과 제국의 필요에 좀더 효과적으로 연결될 수 있게 새롭게 정비했다. 이 모든 기획을 뒷받침한 것은 국가의 지원을 받은 기술-과학 교육의 대대적 확장이었고, 과학자의 수는 1939년까지 2만 8000명으로 3배나 늘어났다.

대학에 몸담은 과학자들도 연구와 교육 기회가 확대되면서 직접 이익을 얻었다. 그들은 정부 소속 연구 재단과 대학교부금위원회University Grants Committee에서 나오는 자금을 통제하면서 국가에 맞서서 여전히 상당한 자율성을 갖고 있었다. 1920년대는 정부가 가장 선호하던 기관인 케임브리지 대학교와 그곳에 소속된 가장 강력한 연구소들(어니스트 러더퍼드 경이 주도하는 캐번디시 연구소Cavendish Laboratory와 프레드릭 골랜드 홉킨스 경이 이끄는 던 생화학연구소Dunn Biochemical Institute)이 특히 부상했다. 핵물리학을 둘러싼 흥분은 독일과 영국 학자들의 관계를 회복시킬 정도로 대단했고, 독일이 국제 과학계에서 따돌림을 당하다시피 한 거의 10년에 걸친 시기에 종지부를 찍었다.

6 David Edgerton, *Warfare State: Britain, 1920-1970*, Cambridge: Cambridge University Press, 2006, esp. pp. 15~58.

영국의 과학과 그 파생물로 흔히 간주된 기술은 상대적으로 번영을 누렸고 유용성도 좀더 널리 인식됐지만, 과학이 지닌 정치적 또는 이데올로기적 영향력, 문화적 위치, 사회적 지위는 아주 모호했다. 정치적 또는 이데올로기적으로 과학자들을 화학전의 공포나 기술 실업technological unemployment(새로운 기술 발전에 따라 인간 노동력이 기계로 대체되면서 나타나는 실업 — 옮긴이)의 전망과 점차 동일시하게 되면서, 주교나 그밖의 상류층 인사들은 새로운 연구와 혁신을 일시 중지moratorium하라고 요구하고 나섰다.[7] 아마 1920년대에 가장 드러내놓고 이데올로기적인 과학의 활용은 우생학 협회와 견해를 같이하는 생물학자들이 '부적격자unfit'(이 범주에는 이내 실업자도 포함됐다)를 대상으로 하는 불임 수술을 지지하고 자신들처럼 똑똑하고 훌륭한 사람과 그 지배 계급이 더 많은 아이를 낳도록 장려한 대목일 것이다.[8] 영국 노동당이 과학을 사회주의 투쟁에서 이데올로기적 동지로 끌어안지 못한 사실은 어쩌면 그리 놀라운 일이 아니다.

노동당의 망설임은 주류 문화가 과학과 그 실천가들을 기껏해야 부분적으로만 받아들인 사실에 문화적으로 관련된 듯하다. 적어도 리처드 그레고리 경이 이끌던 《네이처Nature》에 연관된 자유주의 성향의 과학적 인문주의자들이 생각하기에는 그랬다. 이런 상황에 분개하

7 Anna-K. Mayer, "'A combative sense of duty': Englishness and the Scientists," in Christopher Lawrence and Anna-K. Mayer(eds.), *Regenerating England: Science, Medicine and Culture in Inter-War Britain*, Amsterdam: Rodopi, 2000, pp. 67~106.

8 우생학 협회를 '속물들과 인종차별주의 괴짜들의 서커스'라고 부른 랜슬롯 혹벤의 묘사는 여전히 의미 있다. Anne Hogben and Adrian Hogben(eds.), *Lancelot Hogben: Scientific Humanist — An Unauthorised Autobiography*, Woodbridge: Merlin Press, 1998, p. 74를 보라.

며 염려하기 시작한 이들은 과학사라는 신생 분야를 통해 학교와 공공 생활에 새로운 과학적 인문주의를 주입하는 국가적 교육 운동을 치유책으로 제안했다. 이제 우리는 안나-K. 메이어의 선구적 연구를 통해 이 새로운 운동의 주요 주창자 중 한 사람이 찰스 싱어라는 사실을 알고 있다. 싱어는 1931년 런던에서 열린 제2차 국제 과학기술사 대회를 학수고대했다. 이곳에서 과학 자유주의의 주장에 관해 정계와 문화계에 포진한 여론 주도층의 지지를 얻어내고 싶었기 때문이다.[9] 그때까지 과학이 동시대 문화와 가장 눈에 띈 관계를 맺은 경우는 아서 에딩턴, 제임스 진스, 존 스콧 홀데인의 노력 덕분이었다. 그 사람들은 상대성 이론과 생기론적 생물학이 덜 유물론적인 과학의 주장과 기독교의 주장을 어떻게 조화시키는지 보여주려 애썼다.

과학의 옹호자들이 지닌 이런 '상부구조적' 관심 때문에 정계와 관계의 고위 인사나 심지어 몇몇 재계 거물까지 과학 엘리트를 새롭게 존중하게 된 사실이 묻혀버렸는지 모른다. 분명한 사실은 언제나 '힐과 데일'로 묶여서 소개되던 왕립학회의 주요 임원인 헨리 데일 경과 A. V. 힐 경을 비롯해 왕립학회의 동료 회원들이 정부의 핵심 부처나 위원회에서 수시로 자문을 맡았으며, 특히 데일은 주요 제약 회사 대부분에서 자문도 겸했다는 점이다. 1931년 "과학자들은 우리의 사회 시스템이 기반하고 있는 부당성과 반계몽주의에 관해 점점 단호한

9 Anna-K. Mayer, "Fatal mutilations: educationism and the British background to the 1931 International Congress for the History of Science and Technology," *History of Science* 40, 2002, pp. 445~472; Anna-K. Mayer, "Mobilizing science: the uses of science's past in national education in the 1920s," *British Journal for the History of Science* 30, 1997, pp. 51~70; Anna-K. Mayer, "When things don't talk: knowledge and belief in the inter-war humanism of Charles Singer(1876-1960)," *British Journal for the History of Science* 38(3), 2005, pp. 1~23.

지지자가 되고 있다"라고 비난할 때 버트런드 러셀이 염두한 대상은 기성 과학계에서 이렇게 좀더 포섭된 인물들인 게 분명하다.[10]

1차 대전부터 대공황 사이에는 사회주의 활동가로서 공개 발언을 하는 저명한 과학자가 분명 존재하지 않았다. 내가 아는 범위에서 젊은 랜슬롯 혹벤은 1차 대전 동안 양심적 병역 거부자로 수감된 (러셀을 빼면) 유일한 대학원생이고, 1920년대에 반동적 우생학자들과 종교적으로 치우친 관념론적 과학자를 상대로 맞서 싸운 유일한 생물학자다. 나중에 좀더 저명인사가 된 과학 좌파의 구성원 중에서 NUSW의 노조 조직 활동에 진지하게 가담하고(1928년에 자유주의적 인문주의자들은 NUSW의 노조 등록을 철회했다), 노동당의 사회주의를 조금 더 과학적으로 만들려고 노력한 사람은 하이먼 레비뿐이었다. 1931년까지 영국에서 사회주의 과학자들의 중대한 저항 운동이 형성되는 모습을 곧 지켜보게 되리라고 예상한 사람은 거의 없었다.

10 Bertrand Russell, *The Scientific Outlook*, London: Macmillan, 1931, p. 99.

촉매 구실을 한 전향자들

저항의 사회운동은 개인적인 측면이나 사회적 측면에서 모두 희망과 불만이 복잡하게 뒤섞인 상황에서 형성되며, 환희와 절망 사이의 중간 지대에서 가장 잘 기능하는 듯 보인다.[11] 그러나 저명한 인사들이 기꺼이 위험을 감수하면서 의식을 고양하고 풍부한 선동의 공간을 만들어내려 애쓰지 않는다면, 이런 촉매들이 누군가를 전향시켜 행동에 나서게 만들 가능성은 별로 없으며 영국 과학자들을 사회주의로 전향시킬 가능성은 더더욱 희박해진다. 이런 양상은 1930년대 영국 과학 좌파가 형성되는 과정에서도 예외가 아닌 것 같다. 자연과학자들의 활동을 감독한 전직 공산당 간부가 나중에 한 말을 옮기자면, "그 사람들을 선동하느라 많은 노력이 필요했다."[12]

전지구적 공황은 영국뿐 아니라 국제적으로도 과학 노동자들 사이에 많은 불만을 가져온 원인이었다. 영국에서는 치솟는 실업률이

11 Giovanni Arrighi, Terence K. Hopkins and Immanuel Wallerstein, *Antisystemic Movements*, London: Verso Books, 1989(송철순·천지현 옮김, 《반체제운동》, 창작과비평사, 1996); Steven M. Buechler, *Social Movements in Advanced Capitalism: The Political Economy and Cultural Construction of Social Activism*, New York and Oxford: Oxford University Press, 2000. Steve Fuller, *Thomas Kuhn: A Philosophical History for Our Times*, Chicago: University of Chicago Press, 2000, pp. 402~410와 비교할 것.

12 Maurice Cornforth, *A Generation for Progress*, BBC Radio 3 documentary transcript, 1972.

여러 부문의 산업 노동자 계급뿐 아니라 과학기술 분야의 대학 졸업자들에게도 영향을 미치고 있었다. 1920년대가 영국에서 행복한 기회 확대의 시기라면, 뒤이은 1930년대는 정부 보조금, 장학금, 연구 예산의 삭감이 휘몰아친 시기다. 해외에서는 특히 독일에서 파시즘이 발호하면서 지구 정복에 치우치고 철저하게 인종주의적인 이데올로기가 주입된 군사 기계 속에 과학이 통합되는 조짐이 나타났고, 이런 변화는 곧 독일의 지도적인 유대인 과학자들이 축출되는 결과로 이어졌다. 이런 위기에 맞서 민간 연구 대상 지원액 축소를 포함해서 영국의 주요 정당이 보여준 상상력이 결핍된 대응은 자유방임 자본주의나 자유 민주주의 어느 쪽에 관한 확신도 고취하지 못했다. 이제 자본주의와 제국주의에 기운 사회적 관계에 좀더 긴밀하게 뒤얽히게 된 기술-과학 전문직의 평판 역시 과학을 점증하는 '기술 실업'과 군사적 야만성의 원인으로 보는 사람들의 눈에는 곱게 보일 리 없었다. 대학의 젊은 과학자들은 특히 불만을 느꼈을 듯하다. 앞으로 예상되는 물리학과 생물학의 위대한 진보에 온전한 기여를 하고 싶다는 희망이 다가오는 유럽의 전쟁 앞에서 스러지고 있었기 때문이다.

과학의 미래, 그리고 과학이 인류의 복지 증진을 위해 무엇을 할 수 있는가에 관한 이런 낙관은 두말할 것 없이 양차 대전 사이의 과학 노동자 세대에게 대단한 희망과 영감의 원천이었다. 그 세대는 '뼛속에 미래를 담고' 있었다고 C. P. 스노우가 언젠가 말한 적이 있다.[13] 그 이유는 부분적으로, 그 세대의 일부가 홉킨스나 러더퍼드 같은 학

13 C. P. Snow, *The Two Cultures and a Second Look*, New York: Mentor Books, 1963, p. 17(오영환 옮김, 《두 문화》, 사이언스북스, 2001).

자들 밑에서 흥분을 자아내는 연구를 수행하면서 미래를 창조하는 데 직접 참여하고 있었기 때문이다. 과학을 진보적인 역사의 힘으로 보는 그 세대의 폭넓은 전망은 프랜시스 베이컨까지 거슬러 올라가는 지적 전통에서 유래한 것이었고, 자신들이 과학자로 형성되던 시기 동안 과학 교과서나 모험담의 저자들(H. G. 웰즈가 대표 인물이다) 덕분에 더욱 강화됐다. 이런 이데올로기 덕분에 몇몇 과학자는 인간사를 이끌어가는 측면에서 '비과학적' 정치인들보다 자신이 더 나은 자질을 갖고 있다는 대담한 믿음을 갖게 된 듯하다. 그러나 이런 자기 확신은 실생활 속에서 그 실체를 확인해줄 모델 없이는 유지되기 어려웠을 것이다.

과학적 사회주의

'과학적 사회주의'의 정수로 보이던 소련의 사례가 1930년대의 몇몇 과학 지식인들에게 커다란 영향을 미친 이유가 바로 여기에 있다. 로렌 그레이엄이 지난 40년 동안 잘 보여줬듯이, 마르크스주의를 과학으로 신봉하는 신념과 대체로 농업 사회에 머물러 있던 소련을 빠른 시간 안에 근대화해야 한다는 냉엄한 요구가 결합하면서 소련 체제는 '오늘날의 모든 정부를 통틀어 과학기술의 가장 열정적인 후원자'가 됐다.[14] 이런 신념은 '어떤 어둠의 세력도 과학, 프롤레타리아, 기술의 대표자 동맹을 이겨내지 못'할 것이라는 초창기 레닌의 단언에 잘

14 Loren R. Graham, *The Soviet Academy of Sciences and the Communist Party, 1927-32*, Princeton: Princeton University Press, 1967, p. viii.

드러나 있다.[15] 소련이 과학적 사회주의에 품은 집념은 기술-과학 노동자, 연구 시설, 중공업의 대대적 증가를 훨씬 넘어서 확장됐다. 소련은 과학기술사를 전담하는 연구소를 세워 오늘날 우리가 과학기술학이라고 부르는 분야를 처음 제도로 만든 국가이기도 했다. 이런 흐름은 과학 계획과 정책에서 진행된 선구적 작업에 긴밀하게 연결돼 있었으며, 이 모든 것은 최고경제회의와 1차 5개년 계획의 후원을 받고 있었다.[16]

그러나 이 모든 것은 한 가지 압도적인 사실이 없이는 과학자들은 물론 다른 누구에게도 중요하지 않았을 것이다. 자유방임 자본주의와 결정적으로 단절한 유일한 국가인 소련이 '대공황의 충격'에서 영향을 받지 않은 듯 보이는 유일한 국가였다는 점 말이다. 1929년에서 1940년 사이에 소련의 산업 생산은 3배 넘게 늘어나 1938년에는 전세계 제조업 생산량의 18퍼센트를 차지하게 됐다. '게다가 소련에는 실업도 없었다.'[17]

이렇게 중대한 성취에 관한 소식과 기술-과학 연구(과학에 관한 역사적·사회적 연구를 포함해서)에 소련이 한 전례 없는 지원이 이 성취를 떠받치고 있다는 사실에 관한 소식이 1931년 7월 런던에 당도했다. 소식을 전해준 이들은 국제 과학기술사 대회에 참석한 소련 대표단이었다. 모스크바 대학교 과학사연구소에 소속된 지도적 연구자들로 구성된 대표단은 니콜라이 부하린이 이끌고 '당'에서 나온 감

15 V. I. 레닌의 말을 W. H. G. Armytage, *The Rise of the Technocrats*, London: Routledge and Kegan Paul, 1965, p. 226에서 재인용.

16 Loren Graham, *Science in Russia and Soviet Union*, Cambridge: Cambridge University Press, 1993, pp. 137~155.

17 Hobsbawm, *The Age of Extremes*, p. 96.

독관이 수행하고 있었다. 소련에서 발표한 논문들은 일주일도 안 돼 《갈림길에 선 과학Science at the Cross Roads》으로 출간됐는데, 이 논문들의 정치적 배경이나 뒤이은 반응은 다른 곳에서 이미 충분히 다뤄졌다.[18]

여기서 강조할 점은 마르크스주의 과학사회학과 소련의 계획 과학planned science에 관한 부하린의 능수능란한 개관과 과학사의 통념을 깨뜨린 부하린의 동료 보리스 헤센이 쓴 논문 〈뉴턴의 《프린키피아》의 사회적·경제적 근원〉이다. 두말할 나위 없이 이 논문은 과학사에 관련된 역사 서술에서 하나의 이정표가 됐다. 이 논문은 과학사를 어떤 사회의 경제적 '토대'와 이데올로기적 '상부구조' 사이의 변증법적 운동으로 기술할 수 있다고 주장했고, 과학의 인지적 가치와 그것을 고무한 사회적 조건을 구분했으며, 과학사의 사회적 또는 정치적 중요성을 부각시켰다.[19] 그러나 부하린과 헤센이 가장 보여주고 싶어한 것은 자신이 보유한 생산력(과학을 포함해서)을 활용하지 못하는 자본주의 사회의 비관적 전망과 '과학이 사회적 자기 인식에서 정점에 도달하고 있는' 사회주의 사회의 낙관적 전망 사이의 대비였다.[20]

18 N. I. Bukharin et al., *Science at the Cross Roads*, 2nd edn, London: Frank Cass, 1971과 다음 분석들을 보라. C. A. J. Chilvers, "The dilemmas of seditious men: the Crowther-Hessen correspondence in the 1930s," *British Journal for the History of Science* 36, 2003, pp. 417~435; C. A. J. Chilvers, "Five tourniquets and a ship's bell: the special session at the 1931 Congress," unpublished paper; C. A. J. Chilvers, "The historical significance of Boris Hessen," unpublished paper; Loren Graham, "The socio-political roots of Boris Hessen: Soviet Marxism and the history of science," *Social Studies of Science* 15, 1985, pp. 705~722.

19 헤센의 논문에 관한 통찰력 있는 요약과 논평은 Simon Schaffer, "Newton at the crossroads," *Radical Philosophy* 37, 1984, pp. 23~28을 보라.

20 Bukharin et al., *Science at the Cross Roads*, p. 31. 부하린의 기고문은 수행하던 공산당 감독관(Graham, "The socio-political roots of Boris Hessen," pp. 713~714)과 옥중에 있던 안토니오 그람시를 모두 염려하게 만들었다. 그람시는 부하린이 '자연과학에 특권을 부여하면서 마르크스주의에는 손해를 끼쳤다'고 느꼈다. Helena Sheehan, *Marxism and the Philosophy of Science: A Critical History, the First Hundred Years*, Atlantic Highlands, NJ: 1993, pp. 286~301을 보라.

소련의 침공은 애초 이 대회가 과학적 인문주의와 과학사를 폭넓은 대중에게 우호적으로 소개할 수 있기를 바란 찰스 싱어의 희망에 찬물을 끼얹었지만, J. D. 버널, 랜슬롯 혹벤, 하이먼 레비, 조지프 니덤 같은 몇몇 젊은 조직가와 참석자에게는 긍정적인 충격을 줬다. 그 사람들은 기자인 J. G. 크로터와 함께 소련 대표단을 환대했고,[21] 소련 대표단이 논문을 번역해 출간할 수 있게 도왔으며, 소련 대표단이 대회장에서 축약해 발표한 내용을 지지했고, 그 뒤에도 이렇게 새로운 마르크스주의적 관점을 언론이나 동료들에게 널리 전파했다. 버널은 이 대회를 두고 '러시아 혁명 이후 사상적으로 가장 중요한 모임'이라고 열정적인 평가를 내렸다. 영국 주재 타스TASS 통신원이 모스크바로 보낸 전문에는 소련 대표단이 대회에 전반적으로 실망감을 표시했지만, '소수의 젊은 대표들, 특히 혹벤, 니덤, 데이비드 게스트를 보고는 깊은 인상을 받았다'고 썼는데, 그리 놀라운 일은 아니다. 이 통신원은 희망찬 결론으로 끝을 맺었다. '이번 과학 대회는 …… 특히 영국에서 자라나는 세대의 과학 노동자들 사이에서 변증법적 유물론 연구에 커다란 자극을 준 점에서 역사적이라고 할 만하다.'[22] 예언의 범주에 가까운 저널리즘의 통찰이었다.

비저블 칼리지

J. B. S. 홀데인과 P. M. S. 블래킷을 포함한 이 30여 명의 과학자들은

21 Chilvers, "The dilemmas of seditious men"을 보라.

22 Ibid.

1930년대와 1940년대에 비공식으로 과학 좌파의 지도자 그룹인 '비저블 칼리지Visible College'를 형성했다.[23] 이 그룹의 사회적 배경은 가난한 노동 계급에서 자유주의적 지식 귀족층까지 다양했다. 이 그룹은 1차 대전 때 현역 장교, 정부 연구자, 양심적 병역 거부자, 전쟁 뒤 케임브리지 대학교에서 퇴역 군인들을 마주친 학생 등으로 다양한 경험을 했지만, 전쟁에 깊은 영향을 받고 환멸을 느낀 점은 공통됐다. 또한 운동에 참여하면서 대체로 종교적 신앙을 버렸다. 혹벤의 격식 없는 퀘이커교와 니덤의 특이한 영국 국교회를 예외로 하면, 모두 무신론자가 됐다. 홀데인을 뺀 다른 사람들은 학부 시절에 사회주의로 전향했지만, 1920년대에는 대체로 정치적으로 소극적인 모습을 보였다.

이 그룹은 젊은 시절의 이상주의와 열정에서 남은 것을 모조리 정치가 아닌 과학적 흥분의 추구에 쏟아부었다. 핵물리학이건, 유전학이건, 생물학, 화학, 엑스선 결정학 사이의 접경지대건 간에 말이다. 분명 버널이 '과학에 관해 가진 신념은 종교적 신앙으로 가장 잘 묘사될 수 있는' 것이었고,[24] 이 점은 1929년에 발표한 비범한 소책자 《세계, 육체, 악마The World, the Flesh and the Devil》에서도 잘 드러났다. 이 재능 많은 과학자들은 대부분 매혹적인 실험실 생활의 즐거움 말고도 자신의 지적 호기심을 자유롭게 확장시켰다. 호기심은 단지 '세분화와

23 나는 블래킷을 '칼리지'에서 제외했다. 과학에 관한 마르크스주의 사고에 가장 크게 기여한 좌파 과학자들에 초점을 맞췄기 때문이다. 그러나 블래킷은 의심의 여지없이 과학자 운동에서 영향력을 발휘한 인물이었으며, 그중 몇몇(대표적으로 혹벤)보다는 훨씬 '더 새빨갰다.' Werskey, "The Visible College revisited"('비저블 칼리지'라는 명칭의 유래는 서론의 주 3을 참고하라 — 옮긴이).

24 Chris Freeman, "The social function of science," in Brenda Swann and Francis Aprahamian(eds.), *J.D. Bernal: A Life in Science and Politics*, London and New York: Verso, 1999, pp. 101~131, 인용은 p. 127.

파편화가 마침내 과학을 정복하기 이전의 '자연철학'[25]뿐 아니라 프로이트주의까지 확장됐고, 더 나아가 인습에 얽매이지 않은 결혼과 생활 방식에도 가 닿았다. 블래킷이나 레비 같은 몇몇은 과학에 좀더 집중하면서 사생활에서는 좀더 관습적인 모습을 보였지만, 이 사람들 모두 환멸과 현대성이 뒤섞인 1920년대가 낳은 자식이었다.[26]

1920년대의 이런 '사고방식'을 이내 뒤덮은 것은 1930년대를 풍미한 마르크스주의 이데올로기다.[27] 랜슬롯 혹벤이라는 주목할 만한 예외를 빼면, 이 그룹은 노동당과 공산당 중 어느 쪽에 속해 있건 간에 극좌로 전환했다.[28] 이 시기에는 가입한 정당에 상관없이 공산주의가 진보적 성향의 과학자들에게 특히 매력적이었다. 진보적 성향의 과학자들은 소련이 이론과 실천에서 모두 과학적 사회주의를 보여주는 강력한 모범 사례라고 생각했고, 1931년 대회에서 처음 생겨난 이런 인상은 소련 방문을 통해 이내 더욱 강화됐다.

코민테른(공산주의 인터내셔널)은 **모든** 인류를 위한 운동을 내세웠고, 전지구적 협력이라는 과학의 이상을 반영한 국제주의를 신봉했다. 영국에서 공산주의자들은 파시즘과 전쟁에 맞서는 가장 철저하고

25 J. R. Ravetz, "The Marxist vision of J. D. Bernal," in J. R. Ravetz, *The Merger of Knowledge with Power: Essays in Critical Science*, London: Mansell, 1990, pp. 153~173, 인용은 p. 165.

26 Annan, *Our Age*, p. 10 이하를 보라.

27 클라우스 헨셸은 개인들의 마음속 깊숙이 자리 잡은 '사고방식'과 나중에 좀더 쉽게 받아들이고 적응하고 심지어 생애 후반에 버릴 수도 있는 '이데올로기'를 나눈 시어도어 가이거의 유용한 구분을 받아들였다. Klauss Hentschl, "On the mentality of German physicists, 1945-1949," paper delivered to the *XXII International Congress of the History of Science*, Beijing, July, 2005.

28 여기에는 블래킷도 포함된다. 내가 블래킷을 진정한 비저블 칼리지에서 제외한 탓인지 모르겠지만, 후대의 몇몇 역사가들은 이 사람을 1930년대의 운동에서 덜 급진적이고 좀더 수용될 수 있을 만한 면모를 지닌 인물로 여겨왔다. 그러나 블래킷이 한 행동이나 발언은 이런 성격 규정에 전혀 들어맞지 않는다. Mary Jo Nye, *Blackett: Physics, War, and Politics in the Twentieth Century*, Cambridge, MA: Harvard University Press, 2004를 보라. Werskey, 'The Visible College revisited'와 비교할 것.

효과적이며 강경한 반대자로 인식됐다. 실업자들을 위해 뭔가 **실천적인** 일을 하면서 영국 정부의 무기력한 정책에 반대 의사를 표명하기 위해 스스로 조직한 당이자 사람들로 비쳤다는 말이다.[29]

대중 앞에 나서다

물론 과학자들의 정치적 각성이 코민테른의 고도로 분열적이고 무기력하던 '계급 대 계급' 전선과 시기적으로 겹친 점을 잊어서는 안 된다. 여기서 사회민주당과 그 당에 연관된 노동조합 운동은 '사회적 파시스트'이자 노동 계급의 적으로 매도됐다. 이런 흑백 논리의 세계관은 한 가지 매우 분명한 결과를 가져왔다. 개인적 가치와 지적 자유는 환상에 지나지 않거나 자본주의를 전복하고 소련을 방어하는 투쟁에서 소모품처럼 버려질 수 있는 것이라는 믿음을, 특히 이미 철저한 레닌주의자이던 버널의 마음속에 분명하고 돌이킬 수 없이 심어줬다.[30]

다른 한편 세계가 빠른 속도로 두 진영으로 나뉘어 전지구적 대재앙으로 치닫고 있다는 메시지는 대단히 큰 자극을 줬다. 이것이 바로 P. M. S. 블래킷이 1934년 BBC에서 동료 과학자들에게 전달한 메시지였다.

> 나는 우리 앞에 오직 두 가지 길이 있다고 믿습니다. 우리가 지금 시작하고 있는 것처럼 보이는 길은 파시즘으로 가는 길입니다. 여기

29 '공산주의자가 되는' 일의 중요성과 파급 효과는 Hobsbawm, *Interesting Times*, pp. 127~151과 Werskey, *The Visible College*, pp. 216~217에 실린 로이 파스칼의 회고를 보라.

30 Fred Steward, "Political formation," in Swann and Aprahamian(eds.), *J. D. Bernal*, pp. 37~77, esp. p. 60ff.

1930년대 초에 BBC 라디오 방송에서 과학 프로그램을 진행하는 하이먼 레비.
(출처: 게리 워스키, 《비저블 칼리지》)

에 생산량의 제한, 노동 계급의 생활 수준 하락, 과학적 진보의 중단이 뒤따를 겁니다. 나는 유일한 다른 길이 완전한 사회주의라고 믿습니다. 사회주의는 가능한 최대한의 부를 생산하기 위해 얻을 수 있는 모든 과학을 필요로 할 것입니다. 과학자들이 어느 편에 설지 마음을 정할 시간은 그리 많이 남지 않은 것 같습니다.[31]

'방송사를 통해 …… 송출된 역사상 '가장 새빨간' 담화'였다고 할 만한 이 강연에서,[32] 블래킷은 전투적 좌익의 존재감을 과학자 공동체 내부에 충분히 분명하게 각인시켰다.

비저블 칼리지는 라디오 방송, 신문 기고, 대중서 출간 등을 통해 그 뒤 20년 동안 대중 앞에 나선 과학 좌파의 얼굴이 됐다. 그러나 이 그룹의 지도력에는 그런 요소에 못지않게 중요한 세 가지 다른 차원이 있었다. 이 그룹은 지칠 줄 모르는 막후의 조직가였고, 과학자 집단 내부뿐 아니라 좀더 폭넓은 좌파 진영 안에서도 활동을 펼쳤다.

31 P. M. S. Blackett, "The frustration of science," in Frederick Soddy *et al.*(eds.), *The Frustration of Science*, London: Allen & Unwin, 1935, pp. 129~144, 인용은 p. 144.

32 Nye, *Blackett*, pp. 1~2. 블래킷처럼 나도 특별 대접을 받을 자격이 있는지도 모르겠다. 나는 1972년 9월에 방송에 출연해 '사회주의 — 역사의 부차적 내기'라는 제목의 강연을 한 적이 있었는데, 이 일을 달갑게 여기지 않은 〈BBC 라디오 3〉의 조정관이 담당 프로듀서에게 전화를 걸어 마르크스주의 선전을 방송에 내보내는 짓을 용납하지 않겠다고 불만을 터뜨린 것이다! 영국에 온 지 얼마 되지 않아 아직 물정 모르는 외국인이던 나는 강연 내용이 마르크스주의 선전에 해당한다는 얘기를 듣고 깜짝 놀랐다. 마치 몰리에르의 '서민 귀족'이 자신이 늘 산문을 얘기해온 사실을 알고 깜짝 놀란 것처럼 말이다(17세기 프랑스의 극작가 몰리에르의 대표작《서민 귀족》(1670)에 나오는 한 장면을 빌려 비꼬는 표현이다.《서민 귀족》은 귀족 계급이 경제적으로 몰락하고 튼튼한 경제력을 바탕으로 부르주아 계급이 부상하고 있던 17세기 프랑스 사회를 풍자한 작품인데, 여기서 주인공 주르댕은 부르주아 계급이면서 귀족 신분을 선망해 신분 상승을 꾀하는 이른바 '서민 귀족'이다. 주르댕은 검술, 철학, 음악, 무용 등 귀족들의 교양을 익혀 자신이 가진 콤플렉스를 메우려 하는데, 철학 선생하고 나눈 대화에서 언어의 표현은 운문이나 산문 중 하나로 해야 하며 자신이 평생 말해온 것은 산문이라는 사실을 알고 크게 감탄하는 우스꽝스러운 모습을 연출한다 — 옮긴이).

특히 하이먼 레비의 유명한 표현에 따르면 '뭐든 빨아들이는 구멍'으로 불린 버널의 활동이 두드러졌다. 지도적 좌파 과학자들은 또한 과학의 사회적 관계에 관해 비범한 일단의 정치적 또는 사회적 사상을 빚어냈고, 오늘날 우리가 과학기술학이라고 부르는 분야의 거의 모든 측면을 다룬 선구적 저작들을 써냈다.

그러나 이 그룹이 자기 밑에 있는 학생이나 동료 과학자 사이에서 두각을 나타내고 효과적이면서 설득력 있는 모습을 갖게 된 열쇠는 성공한 과학자-활동가의 역할 모델을 만들어낸 데 있다. 또한 과학에서 높은 지위와 성취를 달성했으면서도 자신들이 '건전한' 인물로서 가진 명성을 위태롭게 만들 수 있는 일을 결코 회피하지 않았다. 과학 노동자들이 시민이자 전문가로서 훌륭한 일을 하고 사회에 혜택을 줄 기회를 확대하기 위해서라면 말이다. 레비를 뺀 다른 사람들은 모두 왕립학회 회원이었다. 심지어 1930년대 초에도 (나중에 노벨상을 받는) 블래킷과 (전후 분자생물학의 대부로 널리 인정받은) 버널은 홀데인하고 함께 일급 과학자이자 아마도 천재로 대접받았다. 전문가로서 누린 이런 명성은 이 그룹이 공유한 정치적 견해에도 커다란 무게를 실어줬는데, 학계의 일부 영역을 넘어 심지어 일반 대중에게도 영향을 미쳤다.

물론 자본주의, 파시즘, 사회주의 사회에서 과학의 구실과 전망에 관해 널리 공표된 고도로 논쟁적인 견해를 취한 결과 비저블 칼리지가 명성에 손상을 입을 커다란 위험을 감수한 점은 두말할 나위가 없다. 예를 들어 러더퍼드는 버널이라면 질색을 했다. 버널이 내세운 공산주의뿐 아니라 버널의 머리 모양이나 성적 문란에도 큰 원인이 있는 것 같지만 말이다.[33] 더 큰 대가는 정치적 선동에 시간을 쏟으면서 가장 소중히 여기던 것, 곧 자신들이 속한 각 분야에서 첨단의 연구를 해내는 소임을 추구할 시간을 돌이킬 수 없이 잃어버렸다는 사실이다. 니덤이 나중에 후회하는 투로 토로하듯이, '내가 속한 분야를 따라잡으려 애썼지만 정치가 계속 끼어들었다.'[34] 그런데 이 그룹은 왜 정치적으로 좀더 활동적인 길을 택하지 않았다면 누릴 수 있었을 즐거움, 흥분, 성취, 보상의 적어도 일부를 포기한 걸까? 적어도 버널의 경우는 존경하던 친구인 프랑스 물리학자 폴 랑주뱅이 이 질문에 답을 해줬다. 랑주뱅은 말한다. "내가 할 수 있는 과학 연구는 다른 사람들이 할 수 있고 또 할 것이다. 머지않아 그렇게 될 수도 있고, 한동안 시간이 걸릴 수도 있다. 그러나 정치적 활동이 없다면 미래에 과학은 아예 존재할 수 없을 것이다."[35]

33 Andrew Brown, *J. D. Bernal: The Sage of Science*, Oxford: Oxford University Press, 2005, p. 76.
34 Joseph Needham, *Time: The Refreshing River*, London: Allen & Unwin, 1943, p. 11.
35 폴 랑주뱅의 말을 J. D. Bernal, *In Memory of Paul Langevin*, London, 1947, p. 18에서 재인용.

과학의 정치

케임브리지의 급진주의자들

영국 과학 좌파의 사회적 위치와 힘은 손쉽게 요약될 수 있다. 이 그룹이 자리한 곳은 1930년대에 가장 강력한 학생 좌파가 둥지를 틀고 있던 케임브리지 대학교였다.[36] 좌익의 목표를 지지하는 압도적인 흐름은 케임브리지에서 가장 규모가 크고 높은 명성을 자랑하는 연구센터인 캐번디시 연구소와 던 생화학연구소에서 나왔다. 블래킷과 버널은 각각 1933년과 1937년에 런던의 버크벡 칼리지로 옮길 때까지 캐번디시에 기반을 뒀고, 니덤과 홀데인(1932년까지)은 던 생화학연구소에 자리 잡고 있었다.

과학 좌파의 핵심은 주로 케임브리지의 대학원생들이었으며, 모든 주요한 활동과 캠페인에서 여성의 참여 비율이 높고 매우 적극적이었다. W. H. 아우덴의 기억에 남는 문구를 빌리자면 유일한 예외는 '무미건조하고 덧없는 팸플릿'을 집필하는 활동 정도였다. 대체로 전문직-관리직 계층의 자녀였고, 부분적으로는 지도 교수들이 과외 활동을 용인한 덕분에 투쟁에 나설 수 있었다. 또한 전문직 활동과 정치

36 Hobsbawm, *Interesting Times*, p. 115.

1935년 버널(뒷줄 가운데)과 캐번디시 연구소의 결정학 실험실 사람들.
(출처: 게리 워스키, 《비저블 칼리지》)

활동 사이에 분명한 선이 그어져 있어서 성공한 과학자가 되는 길에 계속 초점을 맞출 수 있었다. 이 대학원생들은 자신이 선호하는 역할 모델들하고 비슷한 이유로 과학적 사회주의에 이끌렸고, 역할 모델에게서 격려, 힘, 방향성을 끌어냈다. 케임브리지의 젊은 역사가들을 제외하면 좌파에서 가장 두드러진 집단은 핵물리학자, X선 결정학자, 생화학자들이었다.[37]

이런 단면의 부정적 측면은 영국의 다른 대학에서는 좌파가 그다지 눈에 띄지 않았으며, 과학 분야에서는 확실히 그랬다는 점이다. 케임브리지에서도 좌파는 1000명(20퍼센트)이 넘는 학부생을 끌어들이

37 Eric Hobsbawm, "Preface," in Swann and Aprahamian(eds.), *J. D. Bernal*, pp. ix~xx, 인용은 p. xv.

1937년 1월 런던의 트라팔가 광장에서 열린 '연합 전선' 집회에서 연설하는 홀데인.
(출처: 게리 워스키, 《비저블 칼리지》)

지는 못했고, 그중에서도 공산당원은 100명 정도였다. 그래서 노엘 애넌이 나중에 말한 대로 '그 모든 열정에도 좌파는 내가 속한 세대를 사로잡지 못했다. 자신들이 1930년대의 역사를 사로잡던 시기에도 말이다. 너무 순진무구하고 소박하며 금욕주의적이었다.'[38] 그러나 좌파는 흔히 볼 수 있는 존재이기도 했으며, 따라서 작위를 받은 또 다른 저명인사인 존 메이너드 케인스는 좌파가 끌어들인 사람들이 1930년대에 가장 총명한 젊은이들이라는 점을 인정해야 했다. 그중 많은 사람들이 그 뒤 과학자로, 역사가로, 또 소련 스파이로 쌓은 경력은 이 사실을 폭넓게 확인시켜주고 있다.[39]

과학자들의 인민전선

비저블 칼리지와 케임브리지에 기반을 둔 이 그룹은 자신들이 지닌 정치적 에너지를 쪼개어 사회 전반에 걸친 운동과 좀더 구체적인 목표를 가진 운동을 함께 해나갔다. 뒤의 경우 다른 과학 노동자들을 대상으로 하거나 과학적 전문성이 중요하게 부각된 쟁점에 치중했다. 좌파 정치의 좌절을 가져온 '계급 대 계급' 국면은 1935년에서 1939년 사이의 '인민전선' 기간에 자리를 내줬다. 이 기간 동안 노동당, 공산당, 그리고 나중에는 자유주의 세력까지 힘을 합쳐 처음에는 파시즘과 전쟁에 반대했고 궁극적으로는 파시즘에 맞서는 전쟁을 지지하게 됐다. 이런 노력은 스페인 내전에서 프란시스코 프랑코를 격퇴해야 한

38 Annan, *Our Age*, p. 189.

39 Hobsbawm, *Interesting Times*, p. 117. Andrew Boyle, *The Fourth Man*, New York: Dial Press, 1979; T. E. B. Howarth, *Cambridge Between Two Wars*, London: Collins, 1978, pp. 209~229와 비교할 것.

다는 대의를 중심으로 결집됐다가, 그 뒤에는 재무장을 통해 히틀러에 맞서는 소련과 연합 전선을 형성하는 쪽으로 모이게 됐다.

버널은 케임브리지 과학자 반전 그룹Cambridge Scientists' Antiwar group을 결성해 이런 투쟁에 과학적인 색채를 더하는 데 앞장섰다. 이 조직은 정부의 방공 계획을 비판하는 지역 단위의 선동에 연구와 실험을 뒤섞은 활동을 했다. 파시즘 희생자들을 대상으로 하는 지원은 학문적 망명자들의 대의를 옹호하는 '지적 자유를 위하여For Intellectual Liberty' 같은 단체의 형태로 나타났다. 아울러 나치와 우생학 협회의 사이비 과학적 인종주의에 맞선 지속적인 공격은 우생학 협회의 영향력을 결정적으로 끌어내렸다.

그밖에 과학 좌파는 과학자들의 경제적 지위나 이렇듯 험난한 시대 속에서 과학의 구실과 전망에 관해 다른 과학자들의 의식을 고양하기 위해서 세 가지 전선을 만들어 활동했다. 첫째, 버널과 블래킷의 지도 아래 NUSW를 다시 노동조합인 과학노동자연합Association of Scientific Workers, AScW으로 전환했다. AScW는 이제 정부와 민간 부문의 연구 시설에 있는 과학자와 기술자를 조직하는 한편으로 공공의 지원을 받는 연구 개발의 확대와 방향 전환을 내세우는 중요한 선전 기구가 됐다. 둘째, 이제 좀더 견고한 전국 조직을 갖게 되면서 과학 좌파는 《네이처》에 있는 자유주의적 인문주의자들에게 영국 과학과 국제적 과학의 상태에 관련된 문제에 좀더 확실하게 답하라고 강한 압력을 가할 수 있게 됐다.

여기서 등장한 게 바로 과학자들의 인민전선('과학의 사회적 관계' 운동으로 알려지기도 했다)이었고, 이런 움직임은 1938년에 유서 깊은 영국과학진흥협회British Association for the Advancement of Science 안에 과학의 사회·국제 관계 분과를 설치하는 성과로 이어졌다.[40] 새로운 분과의 명칭이 말해주듯, 과학 좌파가 전문직 과학자들하고 맺은 관계의 셋째 차원은 국제적인 범위에 걸쳐 있었다.

영국의 과학 좌파에게 가장 중요하고 지속적인 연락 상대는 랑주뱅, 장 페랭, 프레데릭 졸리오-퀴리 등이 이끄는 프랑스의 과학 좌파였다.[41] 좀더 강력한 토착 공산당, 그리고 기간은 짧았지만 인민전선 정부와 연합한 프랑스의 운동은 실제로 전쟁 이전에 영국의 운동보다 좀더 구체적인 성과를 거뒀다. 미국의 좌파 과학자들하고 맺은 연대는 좀더 들쭉날쭉했지만, 비저블 칼리지가 미국에서 손꼽히는 마르크스주의 학술지인 《과학과 사회Science and Society》의 창립에 편집진으로 참여하는 정도의 관계는 유지했다.[42] 영국 과학 좌파의 영향력은 네덜란드에도 미친 게 확실하지만,[43] (소련을 빼면) 식민지나 저개발 국가의 과학 운동하고는 관계를 맺지 못했다.

40 다음을 보라. William McGucken, *Scientists, Society, and State: The Social Relations of Science in Great Britain 1931-1947*, Columbus: Ohio State University Press, 1984; Peter M. D. Collins, "The British Association as public apologist for science, 1919-1946," in Roy M. MacLeod and Peter M.D. Collins(eds.), *The Parliament of Science: Essays in Honour of the British Association for the Advancement of Science, 1831-1981*, Northwood: Science Reviews, 1981, pp. 211~236; Gary Werskey, "British scientists and 'outsider' politics, 1931-1945," *Science Studies* 1(1), 1971, pp. 67~83; reprinted in Barry Barnes(ed.), *Sociology of Science* Harmondsworth: Penguin, 1972, pp. 231~250.

41 Patrick Petitjean, "Needham, Anglo-French civilities and ecumenical science," in S. I. Habib and Dhruv Raina(eds), *Situating the History of Science: Dialogues with Joseph Needham*, New Delhi: Oxford University Press, 1998, pp. 152~197을 보라.

42 Peter J. Kuznick, *Beyond the Laboratory: Scientists as Political Activists in 1930s America*, Chicago: University of Chicago Press, 1987; Russell Olwell, "'Condemned to footnotes': Marxist scholarship in the history of science," *Science and Society* 60(1), 1996, pp. 7~26; Fuller, *Thomas Kuhn*, p. 162ff를 보라.

43 Geert Somsen, "Value-laden science: J. M. Burgers and the promotion of a scientific society in the Netherlands," paper delivered to the *XXII International Congress of the History of Science*, Beijing, July 2005.

두 권의 과학 대중서로 베스트셀러 저자가 된 혹벤(오른쪽)과 출판업자 스탠리 언윈의 1944년 모습.
(출처: 게리 워스키, 《비저블 칼리지》)

정치적 내부자와 공공 지식인들

1930년대 말에 비저블 칼리지가 과학자 공동체 안에서 갖는 존재감과 영향력은 크게 다른 두 방향으로 뻗어나가고 있었다. 한편으로 전쟁의 위협이 커지면서 국가가 이 그룹에 자문을 구하게 됐다. 자문은 기술적 문제뿐 아니라 전시에 과학자들을 효과적으로 조직하는 문제에 관련된 좀더 일반적인 질문까지 걸쳐 있었다. 블래킷은 이미 1935년에 레이더 개발에 관해 항공부에서 자문을 요청받은 적이 있었다. 1930년대 말이 되자 버널, 니덤, 혹벤, 블래킷, 레비는 솔리 주커맨이 런던을 기반으로 만든 토츠 앤 쿼츠 클럽Tots & Quots Club에서 정부와 과학계 내부자들과 함께 정기 모임을 갖게 됐다.

다른 한편 과학 좌파의 지도자들은 공인된 공공 지식인이 되는 길로 나아가기도 했다. 사회에서 과학이 하는 구실에 관해, 또 좀더 과학적으로 개혁된 영국은 어떤 형태를 띨 수 있고 띠어야 하느냐에 관해 큰 권위를 가지고 발언하고 저술 활동을 할 수 있었다. 대중 매체에 모습을 드러내는 일 말고도 과학의 사회적 관계를 다룬 자신들의 책을 홍보하는 강연 여행에 나서기도 했다(홀데인이 공산당 기관지인 《데일리 워커Daily Worker》에 매주 기고하던 칼럼이 분명한 모델이었다). 혹벤의 《백만을 위한 수학Mathematics for Million》(1936)과 뒤이어 나온 《시민을 위한 과학Science for the Citizen》(1938)은 모두 대표적인 베스트셀러였고, 독자들이 충분한 지식을 습득해 과학 시대에 유능한 시민이 될 수 있게 돕는 '자습서'로 쓰여지고 홍보됐다. 그 뒤를 이은 버널의 기념비적 저술인 《과학의 사회적 기능The Social Function of Science》(1939)은 이런 과학자들이 영국의 과학, 문화, 사회의 상태에 관한 진지한 논평가로 등장한 사실을 알렸다. 이런 점에서 이 그룹은 이전까지 좀더 자유주의적인 정신을 가진 문학적 또는 과학적 인문주의자들이 지배하던 영국의 '아마추어적' 시민 조사의 전통을 계승했다고 할 수 있다.[44] 그렇다면 이 그룹은 이런 전통에, 또 마르크스주의에 어떤 독특한 기여를 했을까?

44 Christopher Lawrence and Anna-K. Mayer, "Regenerating England: an introduction," in Lawrence and Mayer(eds.), *Regenerating England*, pp. 1~23.

마르크스주의 이론

소련 마르크스주의

당대의 소련 마르크스주의가 비저블 칼리지의 사회사상, 정치 실천, 그리고 그것보다 정도는 덜하지만 좀더 다양한 방식으로 과학 실천에 영향을 미친 사실은 의심의 여지가 없다. '변증법적 유물론dialectical materialism'으로 양식화된 소련 마르크스주의는 어떤 지적 또는 인지적 가치를 지녔든 간에, 스탈린주의라는 정치적 기원과 빠른 산업화라는 실천적 필요를 모두 명확하게 반영하는 국가 이데올로기였다. 스탈린 자신이 내린 정의를 들어보자.

> 변증법적 유물론은 마르크스-레닌주의 당의 세계관이다. 이것이 변증법적 유물론이라 불리는 이유는 자연 현상에 접근하고 연구하는 방법은 변증법적인 반면, 자연 현상을 해석하는 방식과 …… 이론은 유물론적이기 때문이다. 역사 유물론은 …… 변증법적 유물론의 원칙들을 사회생활의 여러 현상에 적용한 것이다.[45]

45 [J. V. Stalin], *History of the Communist Party of the Soviet Union(Bolsheviks): Short Course*, London: Lawrence & Wishart, 1943, p. 94.

이런 식으로 구성된 마르크스주의 유산은 과학과 자연 변증법에 관한 엥겔스의 저작을 전면에 내세우고, 사회 발전을 이끄는 변증법적 법칙들의 선차성을 강조하며, 자연과학을 심대한 이데올로기적, 역사적, 실천적 중요성을 갖는 지위로 끌어올렸다(예를 들어 1931년 대회에서 부하린은 이런 교의를 설명하면서 과학이 마르크스주의 안에서, 또 생산력으로서 하는 구실을 눈에 띄게 격찬했다).[46]

이른바 '변유Dia-Mat'는 또한 스탈린과 '당'의 권위와 결정에 관해 편리한 과학적 정당화와 겉치레를 제공했다. 소련식 '역사 유물론historical materialism'에 관해 말하자면 사회 발전을 토대 내부의 생산'력'과 생산 '관계' 사이의 다양한 '모순'들에 따라 추동되는, 사회의 '경제적 토대'와 '이데올로기적 상부구조' 사이의 변증법으로 설명한다는 점에서 불가피하게 '경제주의적'(꼭 '속류'라는 뜻은 아니지만)이었다. 소련 이론의 유용성과 견고함을 측정하는 시험은 물론 레닌이 주장한 과학, 프롤레타리아, 기술의 동맹을 통해 사회주의 사회를 건설하는 데 기여할 수 있느냐가 기준이 될 게 분명했고, 이 시험은 이제 스탈린의 관리 아래에 확고하게 놓여 있었다.

이런 부류의 마르크스주의는 이제 비저블 칼리지가 기존에 갖고 있던 과학에 관한 이해와 경험('사고방식') 위에 덧씌워지고 그것을 통해 걸러졌다(이 이해와 경험은 1920년대의 과학적 인문주의자들이 갖고 있던 것하고 크게 다르지 않았다). 그 결과는 마르크스주의와 사회주의를 과학과 동일시하는 태도로 나타났고, 특히 버널의 경우 이런 경향은 압도적이었다. 버널이 《과학의 사회적 기능》에서 한 유명

46 Loren R. Graham, *Science and Philosophy in the Soviet Union*, New York: Knopf, 1972를 보라.

한 주장을 들어보자.

> 우리는 과학의 실천 속에 이미 인간의 모든 공동 행동의 원형을 갖고 있다. 과학자들이 수행해온 과업인 자연과 인간 자신에 관한 이해와 통제는 인간 사회의 의식적 표현에 지나지 않는다. …… 그런 노력에서 과학은 공산주의인 것이다.[47]

다른 지면을 빌려 내가 정의한 '버널주의'가 과학적 인문주의의 급진적 변형태 중 하나에 지나지 않는지 아니면 독특한 형태의 '영미 마르크스주의'로 봐야 하는지는 조금 논란의 여지가 있다.[48] 내 생각에 버널주의가 좀더 분명하게 표상하는 것은 흔히 '과학주의'로 알려진 과학 실천의 이상화와 이데올로기다. 만약 버널이 던진 경구의 역도 참이라면 공산주의 또한 과학이 되며, 이것은 버널과 비저블 칼리지 구성원 대부분의 사회사상뿐 아니라 정치에도 커다란 중요성을 갖게 된다. 버널의 열렬한 숭배자 중 한 명인 크리스 프리먼은 이렇게 설명한다.

> 버널은 과학을 지식뿐 아니라 정치적 의미에서도 이상화했고, 인간사의 관리 역시 사회주의의 힘을 빌려 좀더 과학적인 것이 될 수 있다고 믿었다. 그 결과 버널은 특히 과학 일반을 대변한다는 소련 마르크스

47 J. D. Bernal, *The Social Function of Science*, London: Routledge, 1939, p. 415.

48 Werskey, *The Visible College*, esp. pp. 185~199. 또한 Petitjean, "Needham, Anglo-French civilities and ecumenical science"; Sheehan, *Marxism and the Philosophy of Science*, esp. pp. 301~385; Edwin A. Robert, *The Anglo-Marxists: A Study in Ideology and Culture*, Lanham, MD: Rowman and Littlefield, 1997, esp. pp. 143~208.

주의의 주장을 받아들여 그것을 동일한 정도로 존중하는 경향을 보였다.[49]

과학적 (그리고 정치적) 이상주의를 버널의 사회사상이 지닌 '주요한 약점'으로 꼽는 프리먼의 생각은 옳다. 그러나 이 이상주의가 과학의 사회적 관계의 거의 모든 측면을 이해하려는 비저블 칼리지의 노력에 영감을 제공한 것 또한 사실이다.[50]

역사와 철학에 발을 내딛다

과학 좌파의 견해를 일목요연하게 보여주는 저작은 두말할 것 없이 버널의 《과학의 사회적 기능》이다. 이 책에서 '버널은 처음으로 '과학'이 의문의 여지가 없는 사회의 하부 시스템이라고 봤고, …… 하나의 전체로서 과학의 경계를 정의하고 측정했으며, 이것을 모두 과학의

49 Freeman, "The social function of science," p. 125.

50 여기서 간단히 지적할 문제는 서로 다른 '사고방식'들이 1930년대에 소련 마르크스주의, 특히 역사유물론을 받아들이고 활용하는 과정에서 아주 다른 결과를 낳을 수 있었다는 사실이다. 앞서 말한 대로 이 시기에 좌파 지식인 중에서 과학자들의 영향력과 열의에 견줄 만한 유일한 그룹은 젊은 공산주의 역사가들이었다. 에릭 홉스봄은 자신을 포함한 동료들이 과학자 동지들처럼 마르크스주의를 다분히 19세기적 의미에서 '과학적'인 것으로 간주했다고 회고했다. "……마르크스주의가 그토록 매력적인 이유는 사상이 워낙 총체적이기 때문이었다." 그러나 과학 좌파하고 다르게 역사가들은 문학을 통해, 좀더 구체적으로는 반마르크스주의자인 F. R. 리비스를 거쳐 마르크스주의와 역사에 도달했다. "영문학을 전공한 케임브리지 공산주의자들은 리비스를 철석같이 믿었다"! 결국 공통의 이데올로기와 대의도 케임브리지 좌파 내부의 '두 문화'를 연결하지는 못한 것으로 보인다. 그 뒤 둘째 급진 과학 운동에 참여한 사람들은 이렇게 저명한 마르크스주의 역사가 중 어느 누구도 자신이 쓴 영향력 있는 저작 속에서 과학의 사회적 관계를 전혀 언급하지 않는 모습을 보고 좌절했다. 이런 상황은 한편으로 그 사람들의 지적 형성 과정이 빚어낸 결과였으며, 다른 한편으로 좌파 내부에 존재하는 비공식적 노동 분업의 결과이기도 한 것 같다. 요컨대 과학사를 포함해 과학에 관련된 모든 것은 당의 과학자들(과 철학자-간부들)이 맡았다. Hobsbawm, *Interesting Times*, p. 97ff를 보라.

역사적 발전과 가능한 미래 속에서 좀더 폭넓은 사회 시스템에 연결시켰다.'[51]

《과학의 사회적 기능》의 1부('과학은 어떤 일을 하는가')는 과학의 사회사에 관한 숨 가쁜 개관을 현재의 과학 조직과 과학 교육에 관한 접근법, 연구가 수행되고 민간 용도와 군사적 용도에 응용되는 효율, 국제적인 과학의 상태 등에 관한 비판적 분석하고 결합시킨다.[52] 2부('과학은 어떤 일을 할 수 있었는가')는 사회주의적 재구성까지는 아니더라도 과학의 사회적 관계에 관한 합리적이고 포괄적인 사회적 재구성을 제시하는데, 먼저 과학자의 훈련에서 시작해 연구, 과학 커뮤니케이션, 자금 지원에 관한 재조직뿐 아니라 '인간에게 봉사하고' 사회 변혁에 기여하는 과학 진보의 새로운 전략까지 확장한다.

《과학의 사회적 기능》이 포괄하는 논의의 폭과 논증의 깊이는 오늘날의 시각에서 봐도 대담하고 도전적이다. 그러나 이것은 문서상의 계획이자 몽상에 가까웠다. 이 책에는 그 계획을 실현할 아무런 정치적 전략도 제시하고 있지 않았다. 버널은 자신의 과학주의 이데올로기와 궤를 같이해 과학을 기술과 사회 변혁의 원동력으로 파악했다. 모든 진보는 과학과 과학적 방법의 응용에서 유래했다. 일단 과학 분야에 자금을 지원하고 조직과 인력이 적절히 충원된다면, 다른 모든 것들이 뒤따라올 예정이었다. 이런 전망은 과학 노동자(와 과학적 소양을 갖춘 기술 관료)들을 과학적 사회주의의 전진을 계획하는 사람

51 Freeman, "The social function of science," p. 101.

52 버널의 설명 중 일부, 예를 들어 군사 분야 연구 개발의 양과 영향력에 관한 분석은 오늘날에도 유효하지만, 영국의 민간 연구 개발이 가진 힘은 과소평가했다. Edgerton and Pickstone, "Science, technology and medicine in the United Kingdom"; David Edgerton, *Science, Technology and the British Industrial 'Decline' 1870-1970*, Cambridge: Cambridge University Press, 1996, p. 67을 보라.

으로서 새로운 사회의 핵심이자 권력 중심에 데려다놓았다.[53]

비저블 칼리지가 변증법적 유물론을 과학에 관한 유용한 철학적 개념 틀이자 포괄적인 과학철학으로 받아들인 것은 나보다 더 이 주제에 정통한 사람들에게 깊은 인상을 줬다.[54] 버널, 홀데인, 레비는 '변유'의 일반적 원칙과 그 원칙이 과학 노동자들에게 갖는 유용성을 다룬 뛰어난 논평을 발표했다. 변증법적 유물론이 과정을 강조한 것과 (과학 연구에서 관찰자와 관찰 대상 사이의 관계를 포함해서) 자연현상을 조직하고 인식하는 방법으로서 관계를 강조한 것이 연결되면서 도움을 줬을 수도 있다. 버널이 생명의 기원에 관해 고찰할 때, 니덤이 '통합적 수준'의 진화 철학을 정식화할 때, 그리고 2차 대전 이전에 버널과 니덤이 새로운 분자생물학의 윤곽을 그려내려 애쓸 때 말이다.[55] 내가 알기로는 변증법적 유물론을 직접 실험 설계에 응용하는 문제에 관련해 구체적인 주장을 한 사람은 홀데인밖에 없다.

역사가들에게 좀더 흥미로운 대목은 비저블 칼리지가 과학사에 기여한 부분이다. 비저블 칼리지는 보리스 헤센 덕분에 자본주의가 어떻게 부상해서 자기 자신을 재생산했는가에 관한 좀더 거시적인 역사적 이해 속에 과학의 실천을 위치시키는 것이 정치적으로 대단히

53 《과학의 사회적 기능》에 관한 비슷한 논평은 Freeman, "The Social Function of Science"; MacLeod, "The Social Function of Science in Britain"을 보라.

54 Sheehan, *Marxism and the Philosophy of Science*, pp. 301~385(특히 크리스토퍼 코드웰의 기여에 관한 분석); Roberts, *The Anglo-Marxists*, esp. pp. 179~199(홀데인의 철학에 관한 요약)을 보라.

55 비저블 칼리지가 생물학과 물리학의 경계에 놓인 문제들을 탐구할 때 '변유'를 즐겨 사용한 이유라고 짐작할 수 있는 요인 중 하나는 1931년 대회에서 발표된 또 다른 논문에서 찾을 수 있다. B. M. Zavadovsky, "The 'physical' and 'biological' in the process of organic evolution," in Bukharin et al., *Science at the Cross Roads*, pp. 69~80을 보라. 또한 Pnina Abir-Am, "The biotheoretical gathering, transdisciplinary authority, and the incipient legitimation of molecular biology in the 1930s: new historical perspective on the historical sociology of science," *History of Science* 25, 1987, pp. 1~71을 보라.

중요하다는 점을 이해하게 됐다. 그리고 헤센하고 마찬가지로 역사를 공공연하게 정치적인 목적을 위해 활용하는 것을 두려워하지 않았다. 불행하게도 영국 좌파의 역사가-과학자들은 헤센을 빼고는 과학의 사회사에서 '고전적' 시기라고 부를 만한 기간 동안 주로 유럽인들이 한 학문적 기여에 관해 알지 못했다.[56] 예를 들어 벤저민 패링턴이나 에드가 질젤의 세련된 방법론에 비교하면 헤센의 뒤를 따르려는 버널과 크로터의 노력은 상당히 조악하고 경제주의적인 시도로 보이며, 과학 이론과 그 이데올로기적 배경을 연결하려고 한 헤센의 노력을 아예 결여하고 있다.[57] 《과학의 사회적 기능》의 역사 부분이나 버널의 후기 저작인 《역사 속의 과학Science in History》을 두고 '외적 접근의 휘그주의externalist Whig' 역사라고 한 제리 라베츠의 묘사도 정당한 듯하다.[58]

그러나 조지프 니덤이 이 시기와 그 뒤에 과학사에 기여한 내용은 손쉬운 범주화가 가능하지 않으며 간단히 무시할 수도 없다. 니덤은 1930년대에 접어들면서 찰스 싱어의 지도 아래 이미 백과사전적 정신을 가진 역사학자의 면모를 보였다.[59] 과학사라는 신생 분야에 관한 관심은 그 뒤 여러 가지 방식으로 깊이를 더해갔다. 니덤은 발생학의 역사를 다룬 이전 저작을 헤센 이후에 나타난 과학사 역사 서술의 새

56 Robert Proctor, *Value-Free Science? Purity and Power in Modern Knowledge*, Cambridge, MA: Harvard University Press, 1991, p. 213ff. 프록터는 미국인 루이스 멈포드, 로버트 머튼과 함께 오토 바우어, 프란츠 보르케나우, 루드빅 플렉의 기여를 언급하고 있다. 또한 이 목록에 레오나르도 올쉬키, 헨리 지거리스트, 에드가 질젤도 덧붙일 수 있었을 것이다. Robert Fox, "Fashioning the discipline: history of science in the European intellectual tradition," *Minerva* 44(4), 2006, pp. 410~432를 보라.

57 Chilvers, "The dilemmas of seditious men"을 보라.

58 Ravetz, "The Marxist vision of J. D. Bernal," p. 166ff(《역사 속의 과학》은 《과학의 역사 — 돌도끼에서 수소폭탄까지》로 번역돼 있다 — 옮긴이).

59 니덤과 싱어의 관계에 관한 추가 논평은 Mayer, "When things don't talk"를 보라.

로운 요구 조건하고 연결시켰다. 또한 17세기의 자본주의, 급진적 청교도주의, 자연철학 사이의 연관성을 다룬 대중적 저작을 레프트 북 클럽에서 출간했는데, 이런 작업에는 역사적 가치와 선동적 가치가 모두 있다고 봤다.[60] 마지막으로 니덤은 월터 페이걸과 함께 1936년에 케임브리지 대학교에서 과학사 강의를 자연과학자의 교육 과정에서 필수 요소로 제도화하려는 노력을 기울였다.[61]

이런 성취들이 있었는데도 니덤은 이 시기에 전통적 과학사가들(과 과학 좌파)을 특징짓는 몇 가지 가정을 계속 고수했다. 예를 들어 기술을 '응용과학'으로 보는 시각이나 '근대 과학'의 **유일한** 기원과 (좀더 구체적으로) '탄생'을 17세기 유럽 자연철학자들의 실천으로 국한시킬 수 있다는 유럽 중심적 믿음이 여기 해당한다. 이 중 뒤의 가정은 1937년 세 명의 중국 생화학자가 케임브리지 대학교를 방문해 니덤의 삶을 송두리째 바꿔놓으면서 부분적으로 도전을 받았다. 이 중국인들은 나중에 20세기 과학사의 가장 위대한 업적이 될 저작의 씨앗을 니덤의 마음속에 뿌려놓았다.

60 그러나 니덤은 왕립학회 회원이 되기 전에는 자신이 지닌 '건전한' 과학자의 명성을 위험에 빠뜨리지 않으려 했다. 그래서 《수평파와 영국 혁명(The Levellers and the English Revolution)》(Left Book Club, 1939)을 '헨리 홀로렌쇼'라는 가명으로 출간했다(니덤은 1941년에 왕립학회 회원이 됐다). 홀로렌쇼는 나중에 니덤이 쓴 자전적 에세이의 저자로 되살아나기도 했다. "The making of an honorary Taoist," in Mikuláš Teich and Robert Young(eds.), *Changing Perspectives in the History of Science*, London: Heinemann, 1973, pp. 1~20.

61 Anna-K. Mayer, "Setting up a discipline: conflicting agendas of the Cambridge History of Science Committee, 1936-1950," *Studies in the History and Philosophy of Science* 31(4), 2000, pp. 665~689; Anna-K. Mayer, "Setting up a discipline, II: British history of science and 'the end of ideology', 1931-1948," *Studies in the History and Philosophy of Science* 35(1), 2004, pp. 41~72.

1930년대 말이 되면 비저블 칼리지는 소련 마르크스주의와 과학적 인문주의를 뒤섞은 과학의 역사적 관계와 사회적 관계에 관한 독해에 근거해 전도유망한 일단의 이론을 확립했다.

이런 이론들은 정치에서 정력적인 활동을 펼치면서 그 힘과 자신감이 점점 커지고 있는 듯하던 과학 좌파에 지적 토대를 제공했다. 이렇게 정치적(심지어 문화적)으로 승승장구하던 분위기는 1941년 C. H. 와딩턴이 출간한《과학적 태도The Scientific Attitude》에 생생하게 포착돼 있다.

> 우리의 조력 아래 지금 산고를 겪고 있는 합리적 경제 시스템이 온전하게 활용되려면 역시 합리적, 지적, 경험적 접근 방법을 갖춘 문화로 고취돼 있어야 한다. 점잔 빼는 과학은 자신이 매춘부인 인문학을 만나 그런 자식을 낳은 사실을 세상에 고백하는 일을 지금껏 게을리해 왔다. 그러나 이제 막 태어난 문화는 이미 모습을 드러내고 있다. 사생아로서 갖는 활력 속에 과거의 문명을 물려받은 상속자의 유일한 희망이 들어 있다.[62]

과학적 인문주의가 본색을 드러낸 것이다.

영국에서 과학적 사회주의의 계속된 진군을 막을 수 있는 것은 아무것도 없는 듯했다. 소련에서는 스탈린의 대대적 숙청으로 부하린과

62 C. H. Waddington, *The Scientific Attitude*, Harmondsworth: Penguin, 1941; 2nd edn, London: Hutchinson Educational, 1968, p. 146.

헤센을 포함한 수천 명이 사법적 살해를 당했고, 과학 좌파와 좀더 직접 관련된 사건으로 리센코[63]가 소련 유전학자들의 과학과 권위에 처음으로 도전했지만,[64] 이런 심란한 소식들도 과학적 사회주의의 위세를 꺾지는 못했다. 그러나 이런 전개 양상은 몇몇 과학자들에게 경종을 울렸고, 그 파장은 정치적 우파들에게 한정되지는 않았다.

63 Trofim Denisovich Lysenko(1898~1976). 우크라이나 출신의 농학자로 젊을 때 춘화 처리(vernalization, 가을에 심어 이듬해에 수확할 수 있는 겨울 작물의 종자를 일정한 기간 저온에 보관해 봄에 심어도 여름에 수확할 수 있게 하는 방법)라는 기법을 통해 유명세를 탔고, 이 방법을 통해 소련의 심각한 식량 위기 문제를 해결할 수 있다고 주장해 당 지도부의 신임을 얻었다. 이어 1930년대 중반부터 유전자의 상대적 안정성을 강조하는 멘델주의 유전학이 반동적이고 부르주아적이며 마르크스-레닌주의에 부합하지 않는다고 비판하면서, 획득 형질의 유전과 환경에 따른 생명체의 가변성을 강조하는 '새로운 생물학'을 주장했다. 리센코의 이런 주장은 소련 생물학계에서 치열한 논쟁을 낳았지만, 1936~1939년의 대숙청을 통해 유전학자들 중 상당수가 제거된 뒤 스탈린을 등에 업고 주류 이론의 지위에 올랐다. 리센코주의는 1948년 개최된 농학 대회에서 공산당의 공식 보증을 얻으면서 영향력이 절정에 다다랐다가 1953년 스탈린이 세상을 떠난 뒤 점차 세력이 약해졌다. 리센코주의의 득세는 소련 생물학이 서구에 견줘 수십 년 넘게 뒤떨어지게 한 주요 원인으로 흔히 지목된다 — 옮긴이.

64 1930년대에 나타난 리센코주의의 첫 물결에 관한 비저블 칼리지의 반응은 Werskey, *The Visible College*, pp. 205~210을 보라.

좌파에 맞선 우파의 반격

과학의 자유 협회

2차 대전이 발발하기 직전에 과학 좌파에 맞서는 반대 그룹인 과학의 자유 협회Society for Freedom in Science, SFS가 옥스퍼드 대학교의 동물학자인 존 R. 베이커와 나치 독일에서 망명한 물리화학자이자 X선 결정학자인 마이클 폴라니를 중심으로 결성됐다.[65] 두 사람은 모두 소련을 향한 깊은 두려움과 혐오감을 공유하고 있었고, 우생학과 인종(베이커의 경우), 경제학(폴라니는 프리드리히 폰 하이에크와 견해를 같이한 핵심 인물 중 하나였다)에 관해 시대에 뒤떨어진 반동적 시각을 갖고 있었다.

그러나 이렇게 좀더 깊은 정치적 동기는 2차 대전이 끝날 때까지 대체로 드러나지 않았다. 대신 이 사람들은 과학의 사회적 기능과 '계획 과학'의 필요성에 관한 버널주의의 견해를 공개적으로 공격하는 방향을 취했다. 베이커와 폴라니는 버널주의가 '순수 과학'을 모욕하고 있으며, 의식주 같은 인간의 전반적 필요에 봉사하는 시녀에 지나지 않는다는 식으로 개별 과학자가 자신의 연구에서 어떤 연구 문제,

65 McGucken, *Scientists, Society, and State*, esp. pp. 265~306을 보라.

방법론, 결론을 추구할 것인지 결정할 자유를 위협한다고 봤다.[66] SFS는 과학을 실용적 응용이나 기본적인 정치적 또는 상업적 동기에서 분리된 것으로 제시함으로써 많은 대학의 학자들(주로 과학자)뿐 아니라 영국의 지도적 과학사가들을 대부분 끌어들일 수 있었는데, 그리 놀라운 일은 아니다. 사실 과학의 자유를 내세운 SFS의 5대 강령은 너무나 편안하게 느껴지는 것이어서 조지프 니덤도 가입할 수 있겠다고 느낄 정도였으니 말이다.

SFS 가입을 거절한 과학자 중 한 명으로 왕립학회 서기인 A. V. 힐 경을 들 수 있다. 힐은 과학 좌파하고는 친분 관계가 없었다. 이미 1933년에 힐은 헉슬리 기념 강좌에서 자신이 지닌 영국식 자유에 '만족감을 표시'하면서 젊은 과학자들에게 정치 관여의 위험성을 경고한 적이 있었다("우리 젊은 공산주의자들과 파시스트들이 하는 여러 주장이 들리지만 우리는 다른 방식이 어떤 게 있는지 도저히 상상할 수가 없습니다").[67] 또한 케임브리지와 언론에서 비저블 칼리지의 영향력이 커지는 모습을 보고 예전에 가진 견해가 바뀐 것도 아니었다. 그런데도 힐 경은 버널주의자들의 영향력을 제한하는 과정에서 공개적으로 맞서는 것보다 더 효과적인 방법이 있다고 생각했다. 1941년에 SFS 지지자 중 한 사람에게 힐 경이 쓴 글을 보자.

홀데인과 블래킷은 온갖 괴상한 정치적 관념을 갖고 있기는 하지만,

66 역사적으로 볼 때 국가가 과학의 수행에 간섭할지 모른다는 두려움은 대륙보다 영국에서 훨씬 더 강하게 나타났다. MacLeod, "The social function of science in Britain," pp. 345~347을 보라.

67 A. V. Hill, "The international status and obligations of science," *Nature* 132, 1933, pp. 952~954, 인용은 p. 952.

왕립학회 위원회에서는 유능하고 협력적인 위원입니다. 나는 버널과 혹벤도 자기들이 봉사할 차례가 오면 마찬가지일 거라고 확신합니다. 그 사람들은 과학적 사안에 관해 조언을 요청할 때면 언제나 크게 도움을 줬습니다. 과학의 이름으로 그 사람들의 정치사상에 반대하는 공식 기구를 만들 게 아니라 과학적 사안에서 협력함으로써 그 사람들을 제자리에 더 잘 붙들어놓을 수 있습니다.[68]

힐 경의 동료인 헨리 데일 경도 이 말에 동의했고, 베이커와 폴라니에게 다음 사실을 점잖게 주지시켰다. 소련이 히틀러에 맞서 싸우고 있는(그러면서 영국을 구하고 있는) 시점에서, 왕립학회가 공개로 반소련과 반공산주의를 표방하는 조직을 후원하는 것처럼 비치게 되면 역효과를 낼 것이라고 말이다.

사회주의 이의 제기자

그러나 스탈린주의의 억압과 공산주의 과학자들이 소련식의 산업화된 과학을 무비판적으로 옹호하는 태도에 관한 염려는 과학 좌파 내부에서도 표출됐다.

랜슬롯 혹벤은 비저블 칼리지 구성원 중에서 소련 마르크스주의에 가장 덜 매혹된 인물이었다. 혹벤은 오래전에 변증법적 유물론이 철학적으로 일관되지 못하고 과학자들에게 쓸모가 없다며 거부했다. 부하린이 숙청된 소식도 혹벤을 매우 괴롭게 했다. 그러나 자신이 생

68 A. V. Hill to A. G. Tansley, 1 August 1941을 McGucken, *Scientists, Society, and State*, p. 288에서 재인용.

산과 소비 영역에서 모두 자본주의적 가치라고 본 것을 소련과 버널이 옹호하는 데 더 큰 염려를 나타냈다. 앞선 세대의 이른바 '공상적' 사회주의자들처럼, 혹벤은 인간의 필요가 '소비자의 선택'이라는 견지에서 평가될 수 없으며, 버널이 제시한 고도로 도시화된 '화학자의 낙원'을 만드는 과정에서 필요의 충족을 위해 지구의 파괴가 반드시 수반돼야 하는 것도 아니라고 믿었다. 그러나 혹벤은 '지식의 추구에 새로운 사회적 적절성의 감각을 덧붙이는 교육 내용의 대대적 개혁'이 없이는 '좀더 환경 친화적'이고 낭비가 적은 사회주의 사회에 관한 자신의 전망이 별다른 호소력을 갖지 못하리라는 것을 깨달았다. 적어도 이런 점에서 혹벤은 1920년대의 과학적 인문주의자들하고 뜻을 같이했다.[69]

조지프 니덤은 혹벤에 견주면 버널의 세계관을 좀더 공유했지만, 스스로 '과학의 아편'이라고 부른 것이 소련 마르크스주의자들과 버널주의자들의 전망과 행동에 미친 영향에 관해서는 오히려 더욱 크게 염려하고 있었다.[70] 니덤은 '과학의 아편'을 구성하는 두 가지 요소로 일탈과 불완전성에 '가차 없는' 태도를 취하는 점과 인간 경험의 '신비로운' 측면들에 '눈을 감는' 점을 들었다. 이런 사고방식이 '사회주의 세계 질서 속에서 부적응자와 일탈자에게 너무나 쉽게 적용될' 수 있다는 점을 염려했던 것이다. 좀더 일반적인 차원에서 니덤은 이렇게 질문을 던졌다.

69 Lancelot Hogben, *Lancelot Hogben's Dangerous Thoughts*, London: Allen & Unwin, 1939, p. 42. 아울러 Werskey, *The Visible College*, pp. 199~203도 보라.
70 Ibid., pp. 203~204.

우리는 종교의 아편을 과학의 아편으로 대체해야 하는가? 사회 개혁가와 과학 지식을 실용적으로 응용하는 데 몰두하는 이들은 항상 암묵적 확신을 갖고 있다. 사람들 자신의 노력에 따라 대수롭지 않은 해악은 물론이고 현존하는 중대한 해악들도 극복할 수 있다는 것이다. 이런 확신은 마르크스의 위대한 경구에 표현돼 있다. '철학자들은 오랫동안 세상에 관해 해석해왔다. 이제는 세상을 변혁할 때다.' 그러나 해악의 문제에 관해서는 그렇게 간단한 해법이 가능하지 않다.[71]

그런데도 니덤은 (적어도 1935년까지는) '공산주의가 우리 시대에 적합한 도덕적 신학을 제공한다'고 여전히 주장하고 있었다.[72]

버널주의의 과학주의적 측면들, 특히 과학과 마르크스주의의 융합은 공산주의자이면서 고전학자이자 과학사가이던 벤저민 패링턴을 깜짝 놀라게 했다. 패링턴의 마르크스주의는 1930년대 중반에 영국으로 돌아오기 오래전에 머나먼 케이프타운에서 형성됐다. 그곳에서 패링턴은 소련에서 유래한 흐름에 국한되지 않는 다양한 마르크스주의 조류와 전통을 접했다. 그래서 런던에 돌아온 뒤 다음 같은 사실을 알고 깜짝 놀랐다.

…… 내가 만난 마르크스주의자 중 적어도 절반은 과학자였습니다. 그렇지만 …… 그 사람들의 마르크스주의는 특이한 부류였어요. 마르크스주의가 …… 물리 과학에서 기원했다는 인상을 갖고 있는 것

71 Needham, *Time*, pp. 70 and 65~66.

72 Joseph Needham, "Science, religion and socialism," in John Lewis *et al.*(eds.), *Christianity and the Social Revolution*, London: Gollancz, 1935, p. 428.

같았고, 사회적이거나 철학적인 배경에 관해서는 그리 잘 알지 못하는 듯했지요. …… 나는 과학에 기회를 주는 이론으로서 …… 마르크스주의에 관한 완벽한 낙관을 발견했습니다. …… 그리고 마치 과학과 마르크스주의가 절대적으로 서로 결합돼 있는 것처럼 보였습니다. 그 두 가지는 동일한 종류의 대상이라는 거죠.[73]

이렇게 정보원과 시각이 협소해지면서 대체로 소련에서 고무한 마르크스주의를 신봉하는 사람들은 사회주의자로서 대안적 전망이나 전도유망한 새로운 개념 틀을 둘러싼 비판적 토론에 참여하기가 어려워졌다. 예를 들어 자본주의 헤게모니의 본질과 영향력에 관한 그람시의 저작을 접했다면 과학 좌파 자신의 이론은 물론 실천에 관해서도 좀더 자기비판적인 인식에 도달할 수 있었을 것이다. 특히 과학 좌파의 이론과 실천이 투사하는 가치에 관한 혹벤, 니덤, 패링턴의 비판이 그러하다. 그러나 설사 그런 대안적 전통들을 좀더 쉽게 접할 수 있었다고 해도, 2차 대전이 발발한 뒤에는 과학 좌파가 그런 요소를 받아들일 만한 에너지나 추동력을 갖고 있지 못했을 것이다.

73 Benjamin Farrington, interview with the author, 17 April 1972.

'좋은' 전쟁?

비저블 칼리지와 이 그룹을 따르던 사람들에게 2차 대전은 대체로 '좋은 전쟁'이었다. 대부분은 개인적으로 전쟁에 두드러진 기여를 했다. 예컨대 버널과 블래킷은 해군 본부와 루이스 마운트바튼이 이끌던 연합 작전 사령부에서 각각 일하면서 오퍼레이션 리서치operations research[74]라는 신생 분야를 개척해 뛰어난 성공을 거둬 인정받았다.[75] 니덤은 중국 충칭에 중-영 과학협력국을 세웠는데, 이 경험은 중국 문명을 향한 '열정'을 더욱 북돋워줬을 뿐 아니라 나중에 새로 만들어진 유네스코 안에서 좀더 폭넓고 진보적인 성격의 과학 국제주의를 성공적으로 내세울 수 있는 영감을 불어넣었다. 심지어 양심적 병역 거부자이던 혹벤도 영국 육군의 의료 통계 조직을 재조직하는 임무를 맡

74 2차 대전 때 영국에서 작전 상황실(operations room)로 들어오는 다양한 정보들(레이더나 항공 정찰에서 들어오는 신호와 기록, 전황 보고, 전장의 기상 정보 등)을 과학적 방법을 써서 분석해 최상의 작전을 수행할 수 있게 조언하려고 고안된 기법. 전시에 영국의 모든 군부대에서 활용된 뒤 미국으로 전파돼 더욱 발전했으며, 전쟁이 끝난 뒤에는 산업체, 정부, 사회 일반에서 주어진 문제에 최적화된 해법을 얻는 의사 결정 기법으로 적용하는 영역이 확대됐다 — 옮긴이.

75 최근 두 사람의 전기를 쓴 저자들은 버널과 블래킷의 정치적 신념을 이해하려 애쓸 때보다 전쟁 때 기울인 노력을 서술할 때 훨씬 더 편안함을 느끼는 듯하다. Brown, *J. D. Bernal*, pp. 165~273; Nye, *Blackett*, pp. 65~99를 보라. 또한 Werskey, "The Visible College revisited"; Helena Sheehan, "John Desmond Bernal: philosophy, politics and the science of science," paper delivered to the Institute of Physics in Ireland's conference on *John Desmond Bernal: Science & Society*, June 2006.

중-영 과학협력국 대표로 1943년에 중국을 찾은 니덤.
(출처: 게리 워스키, 《비저블 칼리지》)

아 대령의 지위에 올랐다.

무기 개발에 종사한 사람은 아무도 없었지만, 맡은 임무가 무엇이든 간에 이 그룹은 자신의 경험을 훌륭하게 집단적으로 활용했다. 그들은 토츠 앤 쿼츠와 AScW를 통해 과학과 과학 자문위원들을 전시에 좀더 효과적으로 활용하라고 정부에 로비를 했다.[76] 전쟁이 끝나가자 정치인이나 대중이 '과학자들의 전쟁'이 남긴 교훈을 망각하지 않게 일깨우는 작업에 착수하기도 했다.[77]

전쟁을 수행하는 과정과 전쟁이 가져온 결과 속에서 어떤 승리와 만족을 얻었든 간에 전쟁은 관련된 모든 사람들에게 달콤하면서도 씁쓸한 경험이었다. 무익한 반파시스트 항의 집회에서 히틀러에 맞서는 목적의식적 행동으로 넘어갈 기회를 얻은 점은 물론 만족스러웠고, 과학적 계획과 계획 과학에 관한 아이디어 중 일부를 실행에 옮길 기회 역시 마찬가지였다. 반면 버널은 나중에 이렇게 말했다.

> 내가 가진 아이디어를 현실 세계 속에서 어떤 식으로든 행동으로 번역할 수 있던 유일한 시기는 전쟁 노력에 종사했을 때였다. 이건 이겨야 하는 전쟁이라고 느꼈고 지금도 그렇게 느끼고 있기는 하지만, 전쟁의 파괴적 성격은 암운을 드리웠고 유능한 인간이 되는 즐거움을

76 McGucken, *Scientists, Society, and State*, pp. 215~263을 보라.

77 이런 선전은 필연적으로 대학에 몸담은 과학자들의 기여를 과장하고 전쟁에서 과학을 덜 파괴적으로 응용한다는 점을 강조했다. 오퍼레이션 리서치에서 과학자들이 두각을 나타낸 점은 아마도 '과학적 태도' **그 자체**가 지닌 미덕을 나타내기보다는 다른 분야에 수리적 지식이 있는 대학 졸업자가 별로 없었다는 사실을 보여주는 증거일 것이다. Edgerton and Pickstone, "Science, technology and medicine in the United Kingdom"; Edgerton, "British scientific intellectuals and the relations of science, technology, and war," p. 13ff.

나한테서 빼앗아갔다.[78]

마찬가지로 나치와 나치가 지닌 반과학적 이데올로기가 과학적 사회주의로 무장한 붉은 군대에 패퇴하는 모습을 보는 정치적 만족감은 핵물리학과 군사적 엔지니어링의 씁쓸한 과실인 원자폭탄이 만들어져 사용되는 광경을 보면서 상쇄됐다. 과학자들이 히로시마 이후에 '죄악을 알게' 됐다는 표현은 조금은 과장일지 모른다. 그러나 가장 대책 없는 과학적 낙관론자인 버널조차 이 '지독한 발견'을 보고 충격을 받았다.[79] 원자폭탄은 두말할 것 없이 과학의 사회적 관계와 국제적 관계에서 결정적인 전환점을 알렸고, 과학 좌파의 정치적 운명도 결정지었다.

78 J. D. Bernal, *World Without War*, London: Routledge and Kegan Paul, 1958에서 따온 구절을 Ritchie Calder, "Bernal at war," in Swann and Aprahamian(eds.), *J. D. Bernal*, pp. 160~190에서 재인용(인용은 p. 188).

79 C. P. Snow, "J. D. Bernal, a personal portrait," in Maurice Goldsmith and Alan MacKay(eds.), *Society and Science*, New York: Simon & Schuster, 1964, pp. 19~29에서 재인용(인용은 p. 28).

전후의 결산

20세기의 '30년 전쟁'은 기술 과학적 창의성의 극적인 승리이기도 한 민간인 대량 학살과 함께 특유의 막을 내렸다.

그러나 전쟁은 더 중대한 역사적 변화를 예고했다. 이런 변화는 다음처럼 다양하게 묘사돼왔다. 첫째, 자본주의를 개혁하고 민족 해방을 성취하려 한 1848년 혁명의 희망이 뒤늦게 실현됐다. 둘째, 미국의 헤게모니 아래 전지구적 자본주의의 '황금기'가 도래해 '장기 호황'이 1970년대 초까지 지속됐다. 셋째, 20세기 말에 지구 인구의 과반수가 더는 '식량을 재배하고 동물을 돌보며' 살지 않게 되면서, '석기 시대의 농업 발명으로 시작된 인류사의 7000~8000년 기간이 종언을 고했다.[80] 비저블 칼리지에게 이런 변화들은 많은 면에서 좋기도 하고 나쁘기도 한 상황으로 나타났는데, 1945년부터 1956년 사이에 이런 변화를 일련의 서로 연결되고 종종 극적인 정치적, 과학적, 지적, 개인적, 역사적 결산으로서 경험하게 됐다.

80 Hobsbawm, *The Age of Extremes*, p. 9.

정치적 이득

정치적으로 유럽의 사회주의자들은 사회민주주의자와 공산주의자를 막론하고 처음에는 크게 고무됐다. 서유럽에서 자유 민주주의가 파시즘에 승리를 거뒀고, 핵심 국가들의 자본주의 경제는 국가의 경제 계획과 완전 고용 정책의 필요성을 널리 받아들이면서 개혁됐다. 지난 반세기 동안 세계 경제를 괴롭히던 경제 민족주의는 여전히 강하게 남아 있었지만, 미국이 (일본을 포함한) '서구'의 경제 재건을 원조하면서 영향력은 상당한 정도로 완화됐다.

이렇게 계몽된 국내 정책과 국제 정책의 결과는 전례를 찾아볼 수 없는 경제 성장의 장기 파동이었다. 이런 번영은 대서양 양쪽에서 사회적 유동성의 증가를 지원하고 사회복지를 강화한 '복지국가' 건설에 드는 비용을 충당할 수 있게 했다(그렇지만 번영의 결과로 복지국가 건설이라는 아이디어가 등장한 것은 아니었다). 이런 진전을 낳은 공로는 많은 부분 전후 초기에 특히 프랑스와 이탈리아를 비롯해 빼놓을 수 없는 곳으로 영국에서 좌파가 부활한 데 힘입었다. 영국에서는 애틀리의 노동당 정부가 사회민주주의 프로그램에 쏟아진 압도적 지지를 등에 업고 정권을 잡았다.

동쪽으로 가면 공산주의자나 공산주의에 비슷한 노선을 따르는 사람들은 소련이 초강대국으로서 새로운 지위를 얻고, 사회주의자와 공산주의자들이 동유럽에서 정부를 세우고, 가장 놀라운 사건으로 1949년 중국에서 공산주의 혁명이 성공을 거둔 것을 보면서 적어도 위안을 삼을 수 있었다. 이 시기는 또한 아시아와 아프리카에 있는 유럽의 거대한 식민주의 제국이 본격적으로 해체되기 시작된 때이기도 했다.

이런 변화들이 유럽 좌파에게 고무적이기는 했지만, 여기에는 냉전의 도래라는 달갑지 않은 사건이 뒤따랐다. 미국은 소련의 (나중에는 중국-소련의) 중대한 위협으로 보이는 행동에 신속한 대응 조치를 취했고, 이런 흐름은 1947년에서 1950년 사이에 나토NATO라는 군사 동맹의 결성, 마셜 계획, 그리고 나중에 CIA가 자금을 대는 문화자유회의 Congress for Cultural Freedom, CCF의 소관이 된 일련의 문화적 선전으로 구체화됐다.[81] 미국의 이런 프로그램들은 '전세계적인 공산주의의 음모'를 막고, 미국에 종속된 국가들에서 나타나는 사회적 불안정, 사회주의, 반미 민족주의의 완충제 구실을 하기 위한 것이었다.[82]

그러는 동안 스탈린도 여기에 못지않게 재빠르고 또 훨씬 더 무자비한 조치를 취했다. 스탈린은 바르샤바 조약을 통해 동유럽 '위성 국가'들에 관한 통제권을 확립하는 한편으로 소련 내부에서는 훨씬 더 강력한 정치적 억압을 실행했다. 1949년 소련이 원자폭탄을 실험한 사건은 미국의 경제력과 군사력이 커진 데 따른 필연적인 반응이었다. 자본주의와 공산주의 양대 초강대국(그리고 각 진영을 따르는 국가들)은 이제 전쟁 국가로 확연하게 자리매김하면서 값비싸고 위험천만한 핵 군비 경쟁에 돌입했다.

81 유럽에서 벌어진 문화적 냉전에 관해서는 Volker R. Berghahn, *America and the Intellectual Cold Wars in Europe: Shepard Stone between Philantrophy, Academy, and Diplomacy*, Princeton and Oxford: Princeton University Press, 2001; Peter Coleman, *The Liberal Conspiracy: The Congress for Cultural Freedom and the Struggle for the Mind of Post-War Europe*, New York: The Free Press, 1989; Frances Stonor Saunders, *Who Paid the Piper? The CIA and the Cultural Cold War*, London: Granta Books, 2000을 보라.

82 미국의 종속국으로서 영국의 지위는 1956년 수에즈 사태 때 미국이 곤경에서 구해달라는 영국과 프랑스의 요청을 거부하면서 이내 냉혹하게 드러났다. 이 사건은 자신을 세계/제국주의 열강으로 여기던 영국의 자기 인식에 종지부를 찍었고, 영국의 역사와 문화에서 거대한 분수령으로 자리 잡았다. Hobsbawm, *The Age of Extremes*, p. 86ff를 보라.

냉전의 첫 희생자 중 하나는 유럽 좌파였다. 공산주의자들은 재빠르게 스탈린주의 동조자, 스파이, 반역자로 찍혀 밀려났고, 소련 공산주의에 돌이킬 수 없는 환멸을 느낀 사회민주주의자들은 공산주의에 '물렁한' 태도를 보인다는 낙인이 찍힐까봐 염려해 오른쪽으로 선회했다. '두 진영, 두 문화'로 요약되는 흑백 논리의 시대에 유럽 공산주의자들은 스탈린과 소련을 향한 충성스러운 지지의 대가를 치렀고, 수십 년 동안 주요 정치 세력의 자리에서 자취를 감췄다. 이어 1956년에 니키타 흐루쇼프가 스탈린의 범죄 행각과 당이 거기에 연루된 사실을 제법 상세하게 폭로하면서 충성심은 빠르게 허물어졌다. 이 폭로는 영국 공산주의자들을 완전히 끝장내버렸다.[83]

과학의 팽창

시대를 가르는 이런 정치적 또는 경제적 양상들은 영국 과학의 사회적 관계에서 전후에 나타난 변화에 크게 영향을 미쳤고, 그 관계의 한 구성 요소가 됐다. 이런 점은 또한 과학 좌파에게 좋기도 하고 나쁘기도 한 상황을 낳았다. 대차대조표에서 먼저 긍정적인 면을 보자면, '영국은 자신을 과학 국가로 보게 됐고, 국민들의 생활에 더 많은 과학을 투입해야 한다는 과학 좌파와 특히 결부돼 있던 주장은 이제 진부한 경구가 됐다.'[84] 중앙 정부는 대학 공간, 그중에서도 특히 과학,

83 Hobsbawm, *Interesting Times*, pp. 197~218. 1956년까지 홉스봄은 소련을 수호해야 하는 강력한 이유가 있다고 믿고 있었다. 소련은 미국의 세력을 상쇄하는 힘이자 반식민주의 운동의 후원자이고, 또 성취가 결함을 압도하는 대단한 잠재력을 지닌 체제라고 여전히 봤기 때문이다.

84 Edgerton and Pickstone, "Science, technology and medicine in the United Kingdom." 또한 Pickstone, *Ways of Knowing*, pp. 183~185도 보라.

기술, 의학STM 분야가 엄청나게 확장하는 데 자금을 지원하기 시작했고, 이런 흐름에 따라 '기초'과학과 '응용'과학 연구가 증가했다. 민간 연구는 공공-민간 협력 관계에 기초한 '거대과학' 프로젝트와 제약 산업처럼 좀더 잘 확립된 기술 과학 산업에서 모두 번창했다. 대학 연구소에서는 몇몇 극적인 지적 대약진이 일어났고, 특히 버널의 예전 학생들이 분자생물학 분야에서 거둔 성과가 두드러졌다.

사회적으로 개혁된 자본주의 사회에서 '과학'의 전략적 구실에 관한 이렇게 새롭고 확장된 이해는 의회에서 초당적인 지지를 얻었지만, 특히 전쟁 직후와 1960년대 해롤드 윌슨 정부의 '백열white heat'[85] 시기 노동당에 잘 들어맞았다(뒤의 경우 기술 관료적으로 인도되는 사회민주주의를 재확인한 점에서 버널과 블래킷이 벌인 로비에 빚진 요소가 있다.) 정부가 STM에 더 많이 주목하고 더 많은 자금을 지원하면서 고참 과학 자문위원들과 '과학 로비'의 정치적 구실이나 영향력은 더욱 커졌다.[86]

이 모든 국가적 주목과 아낌없는 지원이 가져온 문화적 효과는 과학 지식인들이 영국 사회의 상태와 방향에 관해 조언할 수 있는 존경받는 논평가로서 더욱 강한 정당성을 획득한 점이었다. 문학계 인사나 자유주의적 인문주의자들하고 동등한 반열에 올라선 것이다. 비저블 칼리지의 구성원들은 BBC에서 이런 구실을 해야 하는 상황

85 1963년 노동당 당수로 막 선출된 해롤드 윌슨의 전당대회 연설에서 유래한 표현으로, 이때 진행 중이던 과학기술 혁명을 향한 열정과 의지를 담아낸 용어로 널리 알려졌다. 1964년 노동당이 총선에서 승리한 뒤 윌슨이 총리로 취임하면서 이 시기 영국 정부의 기술 관료적 정책을 가리키는 표현으로도 쓰였다 — 옮긴이.

86 McGucken, *Scientists, Society, and State*, pp. 307~341. 또한 과학 로비의 영향력이 너무 많은 과학 인력의 팽창을 낳았고 공학에 견줘 과학 쪽으로 지나치게 치우쳐 있었다는 주장도 보라. Edgerton, *Science, Technology and the British Industrial 'Decline.'*

을 기꺼이 받아들였다. 아울러 좀더 진보적인 형태의 과학 국제주의를 확립하기 위해 전도유망한 행동에 앞장서기 시작했다.

유네스코에서 조지프 니덤은 제3세계 국가들이 자국의 과학 역량을 배양하는 일을 돕고 전지구적인 과학의 사회사 연구를 후원하려는 야심찬 계획을 추진하고 있었다. 한편 버널, 블래킷, 졸리오-퀴리가 이끄는 영-프 동맹은 1946년에 평화의 촉진과 과학의 평화적 활용을 목표로 하는 세계과학노동자동맹World Federation of Scientific Workers, WFSW을 결성했다.[87]

과학자, 냉전의 전사

냉전 시기에는 이런 진전에 더해 부정적인 면들도 나타났는데, 과학의 군사화와 비밀주의 증가, 소련 생물학을 완전히 접수한 리센코에 관한 폭로, 영국 안에서 또 국제적으로 전쟁 이전에 존재하던 과학자들의 인민전선이 완전히 붕괴한 것 등이 그런 점들이다.

전쟁 국가가 성장하면서 1950년대 중반이 되면 영국의 전체 '연구개발'(그때까지 '과학'이라는 용어로 포괄하던 기술 과학 활동의 확산을 좀더 도구적으로 정확하게 표현한 말)의 60퍼센트가 군사적 목적

87 Petitjean, "Needham, Anglo-French civilities and ecumenical science"; and P. Petitjean, "The joint establishment of the World Federation of Scientific Workers and of UNESCO after World War II," paper delivered to the *XXII International Congress of the History of Science*, Beijing, July 2005를 보라. 또한 Aant Elzinga, "UNESCO and the politics of scientific internationalism"과 David Horner, "The Cold War and the politics of scientific internationalism: the post-war formation and development of the World Federation of Scientific Workers, 1946~1956"도 보라. 두 논문은 모두 Aant Elzinga and Catharina Landström(eds.), *Internationalism and Science*, London: Taylor Graham, 1996, pp. 89~131과 pp. 132~161에 각각 실렸다.

에 투입되고 있었다.

기술 전문성이 국방에 점점 더 많이 활용되면서 인력, 자원, 전략적 초점이 모두 이 분야로 흡수됐을 뿐 아니라, 대부분의 과학 노동자들의 논문 발표, 이동, 발언의 자유에 전례 없는 제약이 가해졌다. 국가 안보에 관한 염려는 또한 영국의 원자폭탄 프로젝트를 정당화했다. 전후에 나타난 계획 자본주의 과학이 가장 극적으로 표출된 결과였다.

핵전쟁의 공포가 커지면서 과학 좌파가 얻을 수 있는 정치적 이득은 과학 좌파가 영국의 이전 동맹국이다가 이제 하루아침에 적국으로 바뀐 소련에 관련돼 있다는 사실 때문에 대체로 상쇄됐다. 특히 '전체주의'가 과학의 자유에 미친 영향이 문제가 됐다. 1948년에 리센코주의가 최종 승리를 거둔 시점은 그야말로 최악이었고, 특히 반공주의의 히스테리가 커지고 있던 맥락에서 정통 유전학을 억압한 변명의 여지가 없는 행동을 이해하고 변호하려 애쓴 비저블 칼리지의 공산주의 구성원들에게 그러했다.[88]

여기서 베이커, 폴라니, SFS는 본격적인 공세에 나섰고, 언제나 버널주의의 아킬레스건이던 문제를 공격했다. 버널이 사회주의 아래에서 존재하는 계획 과학을 소련 안에서 일어나고 있는 사건들과 운명

88 영국에서 진행된 리센코 논쟁에 관해서는 Oren Solomon Harman, "C. D. Darlington and the British and American reaction to Lysenko and the Soviet conception of science," *Journal of the History of Biology* 36, 2003, pp. 309~352; Greta Jones, *Science, Politics and the Cold War*, London and New York: Routledge, 1988, pp. 16~59; Werskey, *The Visible College*, pp. 292~304를 보라. 리센코와 소련 생물학을 다룬 최신 문헌을 꼽자면 Nikolai Krementsov, *Stalinist Science*, Princeton: Princeton University Press, 1997, esp. pp. 54~83 and 158~183; Nils Roll-Hansen, *The Lysenko Effect: the Politics of Science*, New York: Humanity Books, 2005가 있다.

적으로, 이제는 치명적으로 동일시한 점이 그것이었다.[89]

전쟁 이전에 존재한 과학자들의 인민전선을 구성하던 좀더 온건한 분파들은 이제 이전에 과학 좌파하고 맺은 관계에서 거리를 두기 시작했다. 영국의 정부 정책, 특히 영국 정부의 원자폭탄 개발과 연구 개발의 점증하는 군사화를 공개 비판하던 목소리는 크게 잦아들었다. 굳이 평지풍파를 일으킬 이유가 대체 무엇이 있겠는가? 전후 과학계에서 남작 작위를 받은 과학자 한 사람은 나중에 이렇게 솔직하게 시인했다.

> 우리가 대학 연구에 지원되는 재정을 엄청나게 키워야 한다고 생각하던 시기였습니다. 증가의 규모는 열 배가 넘었죠. 과학자들에게 밀월기를 안겨줬어요. 자고로 밀월기에는 정치적 항의 같은 건 하지 않는 법입니다.[90]

과학 좌파가 추진한 국제적 기획들도 사정은 마찬가지였다. 니덤이 유네스코를 위해 준비한 야심찬 계획들은 점차 주변화되더니 아예 무기한 연기됐다. 주로 미국의 압력 때문이었다. 세계과학노동자동맹은 영국과 프랑스에 한정된 기반을 넘어 확장하지 못하다가 1950년

89 영국의 리센코 논쟁에서 주요 논객 중 한 명인 C. D. 달링턴은 사회주의 저술가인 조지 오웰에게서 지지와 격려를 받았다. 오웰은 공산주의를 반대하는 것 못지않게 기술 관료주의도 본능적으로 반대했고, 특히 버널의 '부주의한' 언어와 개인의 자유를 무시하는 반자유주의적 성향을 싫어했다. Harman, "C. D. Darlington and the British and American reaction to Lysenko and the Soviet conception of science"와 Werskey, *The Visible College*, p. 288ff를 보라. 심지어 오웰의 《1984》에 등장하는 이데올로그인 오브라이언의 대화가 버널의 방송 연설을 모델로 했다는 주장도 있었다. Fuller, *Thomas Kuhn*, p. 327을 보라. 그러나 풀러는 이런 주장을 뒷받침하는 근거를 제시하지는 않았다.

90 Eric (Lord) Ashby, interview with the author, 6 April 1972.

대 초에 뒤늦게 소련의 후원을 받게 됐는데, 이런 점은 주변적 영향력만 지닌 공산당 '전선' 조직이라는 낙인을 확인해주는 결과를 가져왔다. 그러는 동안 과학 우파 역시 마이클 폴라니가 1953년 함부르크에서 과학과 자유 위원회Committee for Science and Freedom, CSF를 설립하면서 전 세계로 진출했다. 폴라니는 당당한 지식인 냉전 전사이자 영국의 문화적 상황에 개입하는 미국인 후견자 구실을 한 에드워드 실즈의 후원을 받았다. CSF는 문화자유회의와 제휴를 맺었고, 문화자유회의는 반공주의 과학자들이 만든 가장 유명한 산물인 국제 학술지《미네르바Minerva》의 창간 자금을 지원했다.[91]

학문적 후퇴와 전진

STS 학자들에게 문화적 냉전의 가장 흥미로운 측면 중 하나는 STS의 다양한 하위 분야들이 당대의 정치 투쟁 속에서 형성된 과정이다. 영국 과학 좌파의 처지에서 제도적 또는 지적 결과는 다시 한 번 좋기도 하고 나쁘기도 했다.

과학사는 반마르크스주의와 '내적 접근'을 뚜렷이 내세운 역사 서술에 입각해 자리를 잡았다. 이런 경향은 처음에 케임브리지에서, 나

91 David A. Hollinger, *Science, Jews, and Secular Culture: Studies in Mid-Twentieth-Century American Intellectual History*, Princeton: Princeton University Press, 1996, pp. 97~120, esp. pp. 101~110을 보라. 2년 전에 나는 시카고 대학교에서《미네르바》와 폴라니 문서들을 연구하다가 실즈가 폴라니에게 보낸 편지 한 통(1971년 9월에 보낸)을 우연히 발견했다. 실즈는 편지에서 재출간된《갈림길에 선 과학》에 관한 서평을 쓰라고 종용하고 있었다. 실즈는 지나가는 말로 1930년대의 과학 좌파를 다룬 내 논문을 언급하면서 내가 그 사람들에게 동조적이라고 썼다. 1차 문헌에서 자기 이름을 발견하는 것만큼 자신이 이미 역사의 일부가 된 사실을 확인해주는 일도 없을 것이다!

중에는 좀더 폭넓게 나타났다.[92] 역사가 허버트 버터필드(노엘 애넌은 이 사람의 주된 취미가 '학문적 음모'라고 했다)가 이런 변화를 이끌었다.

'근본적이고, 기독교를 존중하며, 자유주의자에게 불손하고, 사회주의자를 조롱'하는 전투적 보수주의의 전후 지도자[93]인 버터필드는 전쟁 기간에 케임브리지 과학사 위원회Cambridge History of Science Committee를 장악해 과학의 자유 협회에 동조적인 과학사가들로 가득 채웠다. 아울러 이 분야에서 과학자들을 배제하는 데 주의를 기울였다. 버터필드가 보기에 과학자들은 결코 역사를 이해하지 못하기 때문이었다.

버터필드의 과학사 장악은 시기도 잘 맞아떨어졌다. 케임브리지의 과학 전공 교수들이 과학사를 자연과학 우등 졸업 시험의 필수 교과목으로 마침내 선정했기 때문이다. 이어 버터필드는 고립된 귀족적 천재들의 성취에 따라 진전하는 지적 운동으로 서술되는 과학사에 초점을 맞춘 내용만 남기고 다른 모든 선택지를 커리큘럼에서 제외했다. 심지어는 상징적 교과서까지 제공함으로써 과학사가들이 그 뒤 반세기 동안 17세기에 일어난 **바로 그** 과학혁명(결정적으로 영국적인)에 집중적으로 주목하게 했다.[94]

과학사 분야를 이런 조건에 따라 견고하게 다지려면 한편으로 당시 막 생겨난 영국과학사학회British Society for the History of Science를 과학자들과 마르크스주의에 기운 역사가들의 해로운 영향에서 보호해야 했

92 Mayer, "Setting up a discipline" and "Setting up a discipline, II"를 보라.

93 Annan, *Our Age*, p. 270.

94 Herbert Butterfield, *The Origins of Modern Science*, London: Bell and Sons, 1949(차하순 옮김, 《근대 과학의 기원》, 탐구당, 1986).

고,[95] 다른 한편으로 믿을 만한 제자를 임명해 버터필드의 반혁명을 수행하는 과제를 맡겨야 했다. 둘째 조건은 버터필드의 제자인 루퍼트 홀을 케임브리지 대학교 최초의 공식적인 과학사 강사직에 임명하면서 충족됐다. 홀은 17세기의 탄도학에 관한 박사 논문을 발표해 버터필드의 기대를 뛰어넘는 성과를 거뒀다. 이 논문은 갈릴레오와 그 동료들에게 군사적 필요가 영향을 줬다는 (헤센식의) 주장을 부인했다. 반면 샘 릴리나 스티븐 메이슨 같은 촉망받던 마르크스주의 과학사가들은 적당한 자리를 찾는 데 실패했다.[96] 1962년에 홀이 '과학사에 관한 외적 접근은 해석 능력뿐 아니라 관심마저 사라진' 게 분명하다며 의기양양하게 선언할 수 있던 것도 그리 놀라운 일이 아니다.[97]

과학의 사회적 관계에 관련된 과학 좌파의 작업 중 다른 측면들은 살아남아서 꽃을 피우기 시작했지만, 이런 변화는 1960년대가 돼서야 나타났다. 영국에서는 윌슨 정부 시절에 과학 정책과 교육에 관한 버널주의 시각이 부활하면서 대체로 기술 관료적인 '과학학science studies' 센터로 의도된 기구들이 세워졌다. 서섹스 대학교의 과학정책연구소Science Policy Research Unit나 에든버러 대학교의 과학학과Science Studies

95 새로 만들어진 학회 안에 과학의 사회사에 관한 진지한 연구를 할 수 있는 공간을 만들려고 한 벤저민 패링턴의 실패한 시도에 관해서는 Geoffrey Cantor, "Charles Singer and the early years of the British Society for the History of Science," *British Journal for the History of Science* 30, 1997, pp. 5~23, at p. 21을 보라.

96 예를 들어 S. Lilley, "Social aspects of the history of science," *Archives internationals d'Histoire des Sciences* 6, 1949, pp. 376~443; Stephen F. Mason, *A History of the Sciences: Main Currents of Scientific Thought*, New York: Colliers, 1962(박성래 옮김, 《과학의 역사 1, 2》, 까치, 1988)을 보라. 아울러 R. M. Young, "Marxism and the history of science," in R. C. Olby *et al.*(eds.), *Companion to the History of Modern Science*, London: Routledge, 1990, pp. 77~86도 보라. 이 글은 www.human-nature.com에서 볼 수 있다(2006년 1월 16일 접속).

97 A. Rupert Hall, "Merton revisited, or science, technology and society in the seventeenth century," *History of Science* 2, 1963, pp. 1~16, at p. 13. Cf. Fox, "Fashioning the discipline."

Unit, 맨체스터 대학교의 과학교양학과Liberal Studies in Science Department 등이 그런 곳이다. 적어도 이런 의미에서 보면 버널의《과학의 사회적 기능》은 영국에서 과학의 사회적 연구 운동을 이끈 지적 대부라고 할 만하다.[98]

버널의 뒤늦은 영향력은 비슷한 시기 소련에서도 나타났다. 이 시기 소련의 몇몇 과학 정책 결정가들은 소련의 과학 수행 능력이 뒤떨어지고 있는 상황을 염려하기 시작했다. 그래서 소련 공산주의의 오랜 옹호자로서 버널이 가진 신망을 이용해《역사 속의 과학》에 기초한, 그중에서도 특히 전후 '과학기술 혁명'의 성격에 관한 버널의 생각에 초점을 맞춘 대규모 학술회의를 여러 차례 열었다. 30년 넘게 소련에서 금지되던 부하린과 헤센의 아이디어는 이런 방식으로 처음 그 아이디어에 영감을 준 사회 속으로 다시 되돌아갈 수 있었다.[99]

98 Freeman, "The social function of science," p. 101.

99 Robert Young, *Is Nature a Labour Process*? 이 글은 www.human-nature.com에서 볼 수 있다(2006년 1월 16일 접속). 이런 학술회의들 중 처음으로 1957년에 열린 회의에서 버널은 역사 저술에서 장인 기술자가 하는 구실을 지나치게 강조하고 과학을 평가 절하했다며 비난받는데, 이렇게 비난한 사람은 다름 아닌 에른스트 콜먼(1931년 런던 대회에 참석한 소련 사절단 중 유일하게 살아남은 사람)이었다! Peter Mason, "Science in history," in Swann and Aprahamian(eds.), *J. D. Bernal*, pp. 255~267, at p. 261을 보라. 오늘날 더 큰 아이러니는 복권된 몇몇 소련 유전학자들이 '생물체의 영양 생식(vegetative reproduction, 생식세포가 개입하지 않는 무성 생식의 일종으로 식물의 꺾꽂이 등을 말한다 — 옮긴이)'에 관한 실험을 수행하고 있었다는 사실이다. 이런 실험을 통해 앞으로 언젠가 과학자들이 재능 있는 사람들을 마음먹은 대로 다시 만들어낼 수 있게 되기를 바란 것이다. 그중 한 사람(A. 네이탁 박사)의 말을 빌리면, "진정한 천재는 찾아보기 어렵다. …… 그렇지만 모든 인류의 진보는 많은 부분 그 천재들에게 달려 있다. 우리는 뉴턴이 없었다면 세상이 어떻게 달라졌을까 물어볼 수 있다." 과학사에서 천재가 한 구실을 이해하는 이런 소련의 방식은 헤센의 이해에서 크게 달라진 게 분명했고, 한때 과학 좌파를 그토록 놀라게 한 일종의 순진한 유전자결정론으로 기울었다. Victor Zorza, "Russian raises spectre of genetic 'arms race'," *The Guardian*, 3 December 1969, p. 3을 보라. 이 기사의 제목에 멋진 '냉전의' 흔적이 남아 있는 점을 눈여겨보기 바란다.

충분히 예상할 수 있는 일이지만 이 시기에 비저블 칼리지의 구성원들이 놓인 개인적 상황을 결산해보면, 명예와 불명예, 용기와 따돌림, 연속성과 방향 전환이 아슬아슬하게 균형을 맞추고 있으며 그 와중에도 자신들이 지닌 다양한 부류의 과학적 사회주의에 꾸준한 애착을 보인 사실을 알 수 있다. 홉스봄이 회고하듯이, 이 시기는 '공산주의자가 지식인 전문직 안에서 일자리를 구하기에는 불리한 시절'이었다.[100]

먼저 전후에 얻은 학계의 지위는 이 그룹이 거둔 과학적 성취에 견주면 거의 대부분 보잘것없는 것이었다. 런던 대학교에서 가장 지위가 낮은 기관이던 버크벡 칼리지가 혹벤, 블래킷, 버널, 나중에는 데이비드 봄의 경력에서 결정적인 시점에 중요한 피난처가 된 사실은 이런 부정합을 드러내는 지표의 하나일 것이다.[101] 특히 버널과 블래킷의 경우에는 1948년이 지나면서 정치적 명예와 영향력을 지닌 자리에서 빠르고 격하게 추락했다. 두 사람은 미국 정부가 민간인에게 주는 최고 훈장을 받았는데도 이내 위험한 파괴자로 낙인찍혀 미국 입국이 불허됐다. 냉전 과학을 수행하는 문제에 관련해 인기가 없는 견해를 공개적으로 발언하면서 보여준 용기(관점에 따라서는 바보짓)에 주어진 보상이었다. 그 결과 이 그룹은 영국 과학계에서 정치적으로 주변화됐고, 몇몇에 관해서는 다분히 악의적인 언론 보도가 나타

100 Hobsbawm, *Interesting Times*, p. 174.

101 버크벡은 에릭 홉스봄의 길고도 탁월한 경력의 대부분을 차지하는 학문적 고향이기도 했다. 홉스봄은 1948년에서 1958년 사이에 '이름깨나 알려진 공산주의자 치고 대학 교수로 임용된 사람이 없었고 …… 이미 교수로 있던 사람도 승진이 안 됐다'고 믿고 있다. Hobsbawm, *Interesting Times*, p. 182; 아울러 Annan, *Our Age*, p. 268도 보라.

나기도 했다.[102]

이런 부침이 빚어낸 간접적 영향 중 하나는 경력에서 드러나는 흥미로운 단절이었다. 블래킷은 핵물리학을 포기하고 지구물리학을 선택했고, 니덤은 생화학에서 중국 과학사로 전환했으며, 홀데인은 인도로 떠나서 그곳에서 통계청장을 지내며 여생을 보냈다.[103] 이런 여정들은 비저블 칼리지의 구성원들이 제3세계의 발전을 촉진하는 과학의 구실에 훨씬 더 많은 관심을 가지게 됐다는 사실을 보여준다.

그러나 전쟁 이전에 가지고 있던 관심사, 곧 과학사, 과학 발전에서 전쟁의 구실, 그리고 좀더 일반적으로 과학 노동자가 사회복지의 진전에 할 수 있는 기여 등에 관한 관심에서는 연속성도 엿볼 수 있다. 가장 중요한 점은 조지프 니덤이 1968년 5월에 내게 말한 내용에 들어 있다. "나는 자연과학이 사회주의 사회에서만 가장 완벽한 결실에 도달할 수 있다고 1930년대에 믿은 모든 사람들이 지금도 그렇게 생각할 거라고 믿어야만 합니다."

102 리센코와 스탈린주의 과학을 옹호한 버널의 선택은 비극의 요소를 담고 있다. 반면 블래킷이 냉전 초기에 미국과 영국의 핵 정책을 통렬히 비판한 행동은 그때는 몰라도 오늘날에는 분명 좀더 이해하기 쉽다. 상호 확증 파괴에 기반한 국방 정책은 아무짝에도 쓸모가 없으며 더 강력한 재래식 전력이 필요하다는 주장 중 많은 부분은 이미 1950년에 한국전쟁이 일어나면서 정당성을 얻었다. 그러나 에드워드 실즈나 I. I. 래비 같은 사람들은 블래킷의 과학적 또는 전략적 자격, 정치적 성향, 개인적 정직성에 흠집을 내려고 끊임없이 온갖 노력을 기울였다. P. M. S. Blackett, *The Military and Political Consequences of Atomic Energy*, London: Turnstile Press, 1948; P. M. S. Blackett, *Studies of War: Nuclear and Conventional*, Edinburgh: Oliver & Boyd, 1962; Nye, *Blackett*, esp. pp. 65~99; Jones, *Science, Politics and the Cold War*, pp. 79~118을 보라.

103 Krishna Dronamraju(ed.), *Haldane. The Life and Work of J. B. S. Haldane with Special Reference to India*, Aberdeen: Aberdeen University Press, 1985를 보라.

유산

2차 대전 이전 과학 좌파의 궤적과 성취 그리고 그 승리와 비극을 개관하고 난 지금, 우리는 과학 좌파가 남긴 역사적, 정치적, 지적 유산과 의미에 관해 어떻게 생각해야 할까?

포섭된 과학

의심의 여지없이 과학 좌파가 남긴 가장 거대한 역사적 유산은 과학이 영국 자본주의의 경제적, 정치적, 문화적 생활 속으로 포섭되는 과정을 더욱더 촉진한 데 있다. 과학 좌파는 과학 노동자들을 성공적으로 조직하고, 과학의 사회적 관계를 선구적으로 분석하고, 전쟁에 대비한 노력에 중요한 기여를 하고, 정부에 적극적으로 로비함으로써 과학의 성장에 유리하며 1차 대전까지 거슬러 올라갈 수 있는 다른 경향들을 강화시킨 논증과 조건들을 만들어냈다. 그 결과 기술-과학 자원은 확장됐고, 엘리트 과학자들의 정치적 힘과 문화적 지위는 향상됐으며, 과학의 사회적 관계를 이해할 필요성은 마침내 STS의 제도화와 전문직업화로 이어졌다.

물론 이것은 그 자체로 보더라도 '애매하고 미심쩍은 유산'이었다.[104] 전후 과학기술 혁명에 관련된 투자에서 얻은 경제적 수익은 실망스러운 것으로 드러났는데, 그 이유는 일차원적 '과학 추동science-push' 혁신 모델 때문이기도 했고, 과학과 무관한 개선, 예를 들어 관리의 질 향상 같은 것을 통해서도 수익이 증가될 수 있다는 사실을 알아낸 때문이기도 했다.[105]

또한 학문적 과학이 공공 정책에 좀더 긴밀하게 통합된 상황이 반드시 축복인 것은 아니었다. 특히 버널과 폴라니처럼 1920년대 X선 결정학의 좀더 자유분방한 분위기 속에서 과학적 사고방식이 형성된 이들에게는 더욱 그랬다. 오랫동안 반목하던 이 두 사람은 전쟁이 끝난 뒤 정부와 상업적 비밀주의가 자유로운 과학적 소통에 미친 영향에 환멸을 느낀 점에서 놀라울 정도로 의견이 일치했고, 좀더 자유로운 과학 정보의 흐름과 좀더 빠른 지식의 진보를 촉진하기 위해 과학의 군사화 종식과 특허법의 개혁을 제각기 요청한 데서 공통의 대의명분을 찾았다.[106] 그러나 어느 누구도 랜슬롯 혹벤만큼 공개적으로

104 Hobsbawm, "Preface," p. xi.

105 Edgerton, *Science, Technology and the British Industrial 'Decline'*; Edgerton, *Warfare State*, pp. 230~269; Edgerton and Pickstone, "Science, technology and medicine in the United Kingdom"; Freeman, "The social function of science"; and Pickstone, *Ways of Knowing*, p. 184 ff를 보라.

106 군사화와 특허 개혁에 관한 폴라니의 견해는 Adrian Johns, "Intellectual property and the nature of science at the onset of the information age," presented at the *XXII International Congress of the History of Science and Technology*, Beijing, July 2005에 개관돼 있다. 과학 정책을 둘러싼 사안에서 AScW/버널과 SFS/폴라니의 견해가 점점 비슷해진 사실은 McGucken, *Scientists, Society, and State*, pp. 353~355와 Petitjean, "Needham, Anglo-French civilities and ecumenical science," p. 192에서도 확인할 수 있다. 특허를 반대하는 폴라니의 견해는 SFS의 역사가들을 깜짝 놀라게 했다. SFS는 비슷한 개혁을 옹호하는 AScW가 개별 천재들에게 돌아갈 노동의 과실을 빼앗는다며 비난하고 있었기 때문이다. Mayer, "Setting up a discipline, II," p. 58를 보라. 폴라니와 버널은 모두 내적 접근을 중시하는 과학사가들에 견줘 훨씬 더 집단주의적인 (그리고 머튼적인) 과학자 공동체의 상을 공유하고 있었다. 그러나 나중에 폴라니가 에버릿 멘델존에게 논평했듯이, 과학 우파는 과학의 계획에 관련해 '모든 전투를 이기고도 전쟁에서는 졌다.' 인용은 Harman, "C. D. Darlington and the British and American reaction to Lysenko and the Soviet conception of science," p. 339(ref. 133).

목소리를 높이지는 않았다. 혹벤은 점차 권위주의적인 성격을 띠게 된 과학 교육과 대부분의 대학 실험실을 휘감은 숨 막히는 지적 환경을 비난했다.[107]

전쟁 국가의 맥락에서 특히 번성한 계획 자본주의 과학의 등장에서 비롯된 정치적 유산은 미래의 사회주의자들에게 더욱 심난한 문제였다. 패트릭 페티트진이 지적한 것처럼, '버널주의는 자본주의와 함께 성공을 구가했다. 과학의 사회적 기능에 관한 버널의 분석은 자본주의와 모순되지 않았다. …… 그렇지만 사회주의는 어떻게 할 것인가?'[108] 먼저 점점 더 많은 과학 노동자들이 학문적 과학의 엘리트 중심부 바깥에서 일자리를 찾게 되면서 사회주의 투쟁에 관여할 가능성은 줄어들었다. 이런 상황은 AScW가 맞이할 운명이 됐다. AScW에서 산업체와 정부 조직에 속한 회원이 크게 늘어나면서(과학 전공 졸업자보다는 기술자가 주로 늘어났다) 단체의 정치적 초점은 점차 중도적인 쪽으로 옮겨갔고, 1968년에는 좀더 주류에 가까운 노조에 합병되고 말았다.

아울러 기술-과학 활동이 특히 핵전쟁에 밀접한 관련을 갖는 것으로 이해되면서 과학을 본질적으로 진보적인 힘으로 보는 버널주의의 이미지는 영영 망가졌고, 이렇게 해서 무척 유서 깊은 전통이 종말을 고했다. '버널과 함께 헉슬리와 콩도르세를 거쳐 베이컨까지 거슬러 올라가는 예언자들의 계보가 종지부를 찍었다.' 그래서 제리 라베츠는 버널을 과학사의 '비극적 인물'로 꼽는다.[109] 1960년대가 되자 사

107 Hogben and Hogben(eds.), *Lancelot Hogben*, p. 207.
108 Petitjean, "Needham, Anglo-French civilities and ecumenical science," p. 195.
109 Ravetz, "The Marxist vision of J. D. Bernal," p. 164.

회주의 과학자들의 정치는 오로지 과학의 '이용/오용' 모델에 근거하게 됐다. 이 모델은 궁극적으로 과학을 이해관계나 가치가 개입되지 않은 사회적으로 순진무구한 지식 형태로, 다른 사람들의 '오용'에 노출된 순결한 희생자로 봤다.

신념을 지키다

물론 이렇게 사회적으로 '순수한' 과학의 이미지는 1950년대와 1960년대에 지배적이던 STS 전통에서 유포하던 상하고 크게 다르지 않았다. 새로운 과학학 센터들은 과학을 정책과 응용의 대상으로 보고 비판적 기능이나 마르크스주의적 부속물은 제거된, 본질적으로 기술관료적인 개념을 물려받은 반면, 내적 접근을 따르는 과학사가들은 계속해서 과학 활동을 가장 비물질적이고 관념론적인 정수로 축소시켰다.

조지프 니덤은 내적 접근의 가장 날카로운 비판자 중 한 명으로 계속 남아 있었다. 니덤은 이 진영에게서 많은 비난을 받았지만 《중국의 과학과 문명Science and Civilisation in China》에서 일군 성취는 그런 비난을 무색하게 했다.[110] 니덤은 내적 접근에 기댄 과학사가들이 마니교도 같은 사람들이라고 꾸짖기를 좋아했다. '과학자들이 육신을 갖고 있고, 먹고 마시며, 동료들 사이에서 사회생활을 하고, 그렇기 때문에

110 냉전 시기에 니덤을 헐뜯은 이들로는 칼 비트포겔, 마리온 레비, 찰스 길리스피 등을 들 수 있다. 이 사람들은 과학사를 외적 접근에 따라 독해하는 니덤의 논리가 '과학의 자율성에 맞선 지독한 배신'이라고 봤다. 인용은 Gregory Blue, "Joseph Needham, heterodox Marxism, and the social background to Chinese science," *Science and Society* 62(2), 1998, pp. 195~217, at p. 197.

자신 앞에 놓인 실천적 문제들을 계속 모르고 있을 수는 없다는 사실을 인정하기 싫어하는' 사람들이라고 말이다. '또한 내적 접근을 주장하는 과학사가들은 과학자들에게 잠재의식을 부여하는 것조차 꺼린다.'[111] 이것보다 더 중요한 것은 내적 접근을 주장하는 과학사가들이 좀더 사회지향적인 과학사 서술을 거부하는 태도를 니덤이 비판한 사실이다. 그럴 경우 근대 과학이 17세기 유럽에서 기원하고 다른 곳에서는 그러지 못한 이유를 설명할 수 없게 되기 때문이다. 순전한 우연 탓으로 돌리거나 오직 유럽인들의 천재성만이 그 일을 해낼 수 있었다는 인종주의적 가정을 받아들이지 않는다면 말이다.

반면 니덤은 외적 접근 대 내적 접근$_{E/I}$이라는 구분 자체는 문제 삼지 않았는데, 이런 태도는 그 뒤 사반세기 동안 과학사가들의 실천에 영향을 주게 됐다. 스티븐 셰핀이 올바르게 주장한 것처럼 이런 담론은 이론과 개념의 엄청난 부조리를 덮어버렸고, 이 부조리를 드러내어 해결하지 못한 결과 과학사는 숱한 막다른 골목과 무익한 논쟁에 빠지게 됐다. 셰핀은 냉전 시기의 마르크스주의 역사가들이 이런 수사를 받아들일 수밖에 없던 상황을 약간은 과소평가하고 있는지 모른다. 마르크스주의 역사가들이 이런 수사를 무시하고 명시적으로 헤센 이후를 표방하며 외적 접근과 내적 접근이라는 구분에 반대하는 나름의 과학사 서술을 고안해내지 않은 것은 그나마 청중을 찾고 논문을 발표하기 위한 궁여지책이었다. 그렇지만 이런 희생도 충분하지는 않았다. 조금이라도 '외적 접근'의 흔적이 있으면 예외 없이 '마르

111 Joseph Needham, "Science and society in East and West," in Goldsmith and MacKay(eds.), *Society and Science*, pp. 127~149, at p. 129.

크스주의적'이라는 딱지가 붙었기 때문이다.[112]

이것이 바로 영국 과학 좌파의 심난한 유산이었고, 1970년대의 급진 과학 운동이 곧 계승해 변형시킬 전통이었다. 전후 영국 과학의 재형성에서 핵심적인 측면들을 구좌파가 지지한 사실은 신좌파가 새로운 도전에 직면하고 신선한 시각을 발전시키려 애쓰는 과정에서 선배들하고 단절해야만 하는 상황을 만들어냈다. 이런 과정에서 다음번 운동은 자신들의 활동에 도움을 줄 인물로 버널보다는 니덤에 더 크게 의지하게 됐다.[113]

112 Steven Shapin, "Discipline and bounding: the history and sociology of science as seen through the externalism-internalism debate," *History of Science* 30, 1992, pp. 333~369를 보라. 외적 접근과 내적 접근의 구분을 받아들임으로써 'c로 시작하는 단어'(자본주의)와 'M으로 시작하는 단어'(마르크스)를 쓰지 않고 버텨보려 한 셈 릴리의 처절한 몸부림은 자신이 얼마나 합리적인 사람인가를 보여주려 한 무익한 노력을 드러내는 신랄한 사례다(〈과학사의 역사적 측면(Social aspects of the history of science)〉이라는 논문을 보라). 릴리는 케임브리지 대학교 과학사 강사 자리를 놓고 다툰 으뜸가는 경쟁자 중 한 명이었는데, 니덤을 비롯한 여러 사람들은 릴리의 마르크스주의가 강사 자리를 얻는 데 실패한 주된 이유라고 확신했다(Mayer, "Setting up a discipline, II," p. 58ff를 보라). 한참이 지난 1972년에 나는 STS 학계 안에서 '마르크스주의적'이라는 형용 어구가 여전히 사람들에게 무안을 주는 장치로 쓰이고 있다는 사실을 알게 됐다. 케임브리지에서 열린 세미나에서 조셉 벤데이비드가 자기소개를 하더니 이렇게 인사말을 건네는 것이었다. "《과학학(Science Studies)》에 실린 당신 논문을 읽었습니다. 약간 마르크스주의적이기는 하지만 아주 훌륭했어요." 나중에 학식이 뛰어난 마르크스주의자들도 나를 그렇게 봐주면 좋겠다는 생각이 들었다!

113 나는 니덤의 인생에서 도움이 된 것들, 곧 다양한 관심사들에 관한 포용성, '타자'를 향한 개방성, 그리고 빼놓을 수 없는 것으로 비서구 문화에 관한 깊은 이해가 니덤이 세상을 떠난 뒤에도 계속 그런 구실을 하고 있다고 생각한다. 동시대를 산 대부분의 지식인들에 비교하면, 니덤은 주변부에 머무르면서 다양한 세계를 이어주고 온갖 종류의 종교적, 문화적, 정치적, 지적, 과학적, 지리적 경계를 넘나드는 중대한 문제들을 연구하는 행운을 누렸다. 무엇보다도 이런 전망과 삶의 방식은 니덤이 학자로 성장할 수 있게, 또 심지어 90대에 들어서도 어느 정도 젊음을 유지할 수 있게 해줬다. 내 세대의 급진적 역사가들에게 니덤이 지닌 중요성을 이해하려면, Teich and Young(eds.), *Changing Perspectives in the History of Science*, esp. Mikuláš Teich and Robert Young, "Preface," pp. ix-xxi; Robert Young, "The historiographical and ideological contexts of the nineteenth-century debate on man's place in nature," in Teich and Young(eds.), *Changing Perspectives in the History of Science*, pp. 344~438을 보라. 니덤의 정치적 중요성에 관한 개관은 내가 쓴 "Understanding Needham," in Joseph Needham, *Moulds of Understanding: A Pattern of Natural Philosophy*, ed. by Gary Werskey, London: Allen & Unwin, 1976, pp. 13~28을 보라.

2악장

알레그레토 스케르잔도

— 급진 과학, 1968~1988

Allegretto scherzando 조금 빠르고 익살스럽게

도입

이어지는 내용의 분위기나 방법론은 1930년대의 좌파 과학자들을 다룰 때하고는 크게 달라질 것이다. 고전 음악에서 쓰는 용어를 빌리자면 이것은 (베토벤 교향곡 〈영웅〉의 1악장 같은) 알레그로 콘 브리오와 알레그레토 스케르잔도(베토벤 교향곡 8번의 짧고 변덕스러운 2악장이나 역사적으로나 음악적으로 좀더 어울리는 1970년대 폴 사이먼의 '코다크롬Korachrome'을 칭송하는 음울하게 웃기는 노래를 떠올려보라) 사이의 대비하고 비슷하다. 이런 변화는 구 과학 좌파와 신 과학 좌파의 주제, 조화, 지속 기간, 영향력 자체에서 나타나는 중요한 차이를 반영하고 있다. 이런 상반되는 분위기를 이해하려면 두 세대가 대단히 독특했고 과학 비판의 영역에서도 크게 차이가 났으며, 영감을 준 희망, 불만, 촉매들도 매우 다른 방식으로 뒤섞여 있었다는 점을 반드시 염두해야 한다.

그러나 이런 세대 간 차이는 첫째 운동이 기술-과학 활동을 전후 영국 자본주의 속으로 더 많이 통합되도록 부추기는 미심쩍은 구실을 한 결과이기도 했다. 이런 결과는 필연적으로 '과학'에 관련된 정치 투쟁의 대상과 영역을 변화시켰다. 마찬가지로 첫째 운동이 승리와 비극이 반반씩 섞여 있는 이야기라면, 그 뒤를 이은 둘째 운동의 서사는 (만약 당신이 반어적인 유머 감각을 갖고 있다면) 그 운동이 지닌 정치적 야심과 역사적 운명 사이의 희극적인 부정합에 기반하고 있다. 그런데도 둘째 에피소드가 광대극의 영역으로 떨어지지 않을 수 있는 이유는, 첫째 과학 좌파가 과학의 역사적 기능과 사회적 개혁에 던진 여전히 중요한 질문들에 우리가 제시한 답이 좀더 유용하고 탐색적이었으며, 역사, 목표, 희망을 빼앗긴 오늘날의 사회에서 여전히 정치와 학문에 의미를 갖기 때문이라고 생각한다.

역사인가, 회고록인가

방법론적 혼합 역시 달라질 것이다. 먼저 내가 작업할 학문적 기반 자체의 안정성이 훨씬 떨어진다. 여기서는 딛고 올라설 만한 기반이 상대적으로 견고하지 못하며, 잘 확립된 내용의 경우에도 내가 썩 잘 알고 있지 못하다.[1] 시각도 변할 텐데, 이제 급진 과학 운동에 관한 접근법은 과학 좌파를 분석하는 학자-관찰자가 아니라 전직 학자-활동가의 시각이 될 것이다. 내가 급진 과학 운동의 조직과 개입에서 오직 일부분에만 긴밀하게 관여한 정도에 그치기는 했지만 말이다.

역사가가 사회 운동을 이해하기 위해 반드시 그 운동에 직접 참여해야 한다고 볼 수는 없다. 그러나 최근 버널과 블래킷의 전기를 쓴 사람들이 연구 대상의 정치적 세계관이나 신념에 공감하는 이해에 거

1 '60년대'의 역사 서술에 관한 유용한 개관으로는 Jon Agar, "What happened in the Sixties?," unpublished working paper, Department of the History and Philosophy of Science, Cambridge University, 2006을 보라.

의 근접하지도 못하는 모습을 보면서,[2] 내가 급진 과학 활동가로서 보낸 지난 역사가 상대적으로 유리하게 작용하리라는 기대를 품어본다. 둘째 과학 좌파 운동을 다시금 조명할 시기가 무르익은 게 분명하다. 우리는 지금 1968년에서 충분히 멀어져 있다. 그 거리는 혹벤, 레비, 니덤 같은 이들을 처음 인터뷰하던 시점에 내가 1931년 대회에서 떨어져 있던 거리하고 비슷해졌다. 그래서 2악장에서 역사라기보다는 회고록에 가깝게 접근하면서, 동시에 젊은 학자들이 이 에피소드에 어울리는 꼼꼼한 학술 연구를 해줄 것으로 기대해본다.

2악장은 먼저 영국 급진 과학의 미국적 기원을 개관하려고 한다. 1968년이 몇몇 과학 노동자와 STS 학자들의 급진화에서 촉매 구실을 한 과정을 살펴본 뒤, 이어 급진 과학 운동의 궤적과 성취를 개관할 것이다. 여기서는 특히 급진 과학 운동의 '버널'이라고 할 만한 밥 영의 기여를 집중해서 부각할 것이다. 1980년대 초에 전지구적 자본주의와 영국 자본주의(여기에 연관된 '기술 과학'도 함께)의 정치와 경제에서 나타난 중요한 변화가 사회주의 좌파, 좀더 구체적으로 내가 속한 세대의 '급진 과학자들'에 미친 영향을 살펴본 뒤, 그 변화가 남긴 유산에 관한 매우 잠정적인 평가로 결론을 대신할 생각이다.

2 Brown, *J. D. Bernal*과 Nye, *Blackett*을 보라. 버널의 정치에 좀더 공감하면서 미묘한 점을 짚은 논평으로는 Swann and Aprahamian(eds.), *J. D. Bernal* 중에서 특히 프레드 스튜어드("Political formation," pp. 37~77), 크리스 프리먼("The social function of science," pp. 101~131), 힐러리 로즈와 스티븐 로즈의 논문("Red Scientist: two strands from a life in three colours," pp. 132~159)을 보라(그러나 마지막 논문의 경우 비저블 칼리지에 속한 과학자들 중에서 내가 요청한 '인터뷰에 기꺼이 응한 사람은 니덤뿐이었다' (p. 156, 주 3)고 단언한 대목은 틀렸다. 나는 생존해 있으며 인터뷰에 응할 수 있던 모든 사람들, 곧 혹벤, 레비, 니덤을 직접 인터뷰했다. 심지어 끔찍할 정도로 몸이 불편하던 버널도 내가 보낸 폭넓은 설문지에 답했고, 이 설문은 지금 1차 문헌으로 널리 쓰이고 있다. 또한 나는 BBC를 위해 이 사람들의 친구나 동료들을 상대로 30건이 넘는 인터뷰를 했고, 이 자료 중 많은 내용이 《비저블 칼리지》에 인용돼 있다. 이런 사실을 보면 심지어 지금에 와서도 힐러리나 스티븐하고 어딘가 의견 차이가 나지 않으면서 뭔가를 쓴다는 것은 불가능한 듯싶다!)

영국 급진 과학의 미국적 기원

1950년대와 1960년대에 미국이 휘두른 패권적인 힘, 특히 기술-과학적 우위를 통해 드러난 힘은 1968년 이후 영국에서 둘째 급진 과학 운동이 형성된 역사적 맥락의 많은 부분을 형성했다. 과학기술에서 미국의 전지구적 지도력은 과학기술의 팽창을 뒷받침한 정치 이데올로기와 조직 모델로, 학문과 군사와 상업 영역에서 추동된 연구 개발이 거둔 첨단의 성취들로, 그리고 이 글의 내용과 관련해 가장 중요한 요소로서 과학(나중에는 기술까지)의 역사, 사회학, 정치학이라는 새로운 분야에서 나타난 지적이고 제도적인 혁신으로 표현됐다.[3] 미국의 과학자와 과학기술학 학자들 중에는 그 시기의 정치적 동향이나 그런 흐름이 자신이 몸담고 있는 분야에 미치는 영향을 달갑지 않게 여긴 이들도 있었다. 이런 일탈자 중 일부는 영국으로 이주했고, 그곳에서 과학과 역사에 관한 정통적 견해에 관해 자기 나름의 비판을 발전시킬 수 있는 좀더 관용적이고 활기찬 환경을 발견했다. 심지어

3 전후 미국 과학에 관한 폭넓은 개관으로는 Daniel S. Greenberg, *Science, Money, and Politics: Political Triumph and Ethical Erosion*, Chicago: University of Chicago Press, 2001을 보라. 또한 Larry Owens, "Science in the United States," in John Krige and Dominique Pestre(eds.), *Science in the Twentieth Century* (Amsterdam: Harwood Academic Publishers, 1997, pp. 821~837도 볼 것.

1968년의 사건들이나 그 사건을 둘러싼 영국과 유럽의 반응도 미국의 흔적을 매우 강하게 담고 있었다. 그래서 우리는 영국 급진 과학에서 이렇게 두드러지게 미국적인 기원이 갖는 본질을, 그리고 그 본질이 미친 영향을 이해할 필요가 있다.

끝없는 프런티어에서 새로운 프런티어로

전후 미국 과학의 성공담은 강력하고 서로 연결된 이데올로기적 신화 속에서 시작되고 끝난다. 이런 창건 이데올로기는 원자폭탄 프로젝트를 기술과학 조직화의 승리에서 순수 과학의 발견으로 뒤바꿔놓은 상징적 변형에 기반해 '끝없는 프런티어'로서 과학의 신화를 부추겼다.[4] 여기서 궁극적으로 인류 전체에 이득을 주는 극적인 발견을 해낸 헌신적인 개별 과학 선구자들이 영웅으로 부각됐다. 그러나 이 신화를 만들어낸 버니버 부시와 제임스 코난트는 이런 시도가 두 가지 조건 아래에서만 마법을 발휘할 수 있다고 주의를 줬다.

첫째, 정부는 엘리트 대학에 기반을 둔 과학자들을 대상으로 장기적인 투자를 해서 자신들이 '기초 연구'라고 부른 연구에 자금을 지원해야 한다. 엘리트 대학의 과학자들은 어떤 우선순위에 따라 어떤 연구자들에게 자금을 지원할지를 자유롭게 결정하게 될 것이다. 둘째, 과학적 정신을 지닌 정책 결정자와 의사 결정자 집단은 '임무 지향적' 연구 개발의 전략과 전술에 능숙해져야 한다. 과학적 발견의 과정을

4 Hollinger, *Science, Jews, and Secular Culture*, esp. p. 101ff와 Daniel J. Kevles, "The National Science Foundation and the debate over post-war research policy, 1942~45: a political interpretation of *Science — the Endless Frontier*," *Isis* 68, 1977, pp. 5~26을 보라.

국가의 군사적인 요구나 상업적 요구에 맞춰 활용할 수 있어야 하기 때문이다.[5]

이렇게 만들어진 신화의 두 가지 차원은 미국에서 곧바로 받아들여졌고 해외에서도 모방됐다.[6] 미국의 대학들은 전례 없이 번창하고 규모가 커졌다. 기록적인 수의 과학자, 엔지니어, 기술자들이 세계 수준의 시설에서 훈련을 받았다. 이런 시설들은 유럽을 비롯한 전세계에서 가장 우수하고 똑똑한 학생들을 끌어들였고, 영국이나 다른 나라의 대학들도 똑같은 일을 하도록 부추겼다.

학문적 과학의 이런 성장이 인상적이기는 했지만, 사실은 군대와 미국의 초국적 기업에서 나온 막대한 규모의 연구 예산과 기술 프로젝트의 부분적인 지원을 받고 있었다.[7] 이렇게 해서 미국은 기술-과학 자원이 상업적이고 군사적인 혁신을 달성하는 데 활용되는 방식의 속도, 규모, 양식을 정하고 있었다. 끝없는 프런티어에 관한 이런 신념은 1950년대의 번영기에 정당성이 입증되는 듯했다. 로널드 레이건이 매주 텔레비전에 나와 수백만 명의 미국인에게 제너럴 일렉트릭에서는 '진보가 우리의 가장 중요한 상품'이라며 선전하고, 듀퐁은 '화학을 통해 더 나은 삶을 가져다주는 더 나은 제품'을 만들어내느라 분주한 시절이었다.

아울러 이때는 미국의 자유로운 과학기술의 진보와 소련 공산주

5 이것은 코난트가 한 주된 기여 중 하나로, Christopher Hamlin, "A virtue-free science for public policy?," *Minerva* 43(4), 2005, pp. 397~418에서 훌륭하게 논의되고 있다.

6 Edgerton and Pickstone, "Science, technology and medicine in the United Kingdom." 블래킷과 AScW는 '끝없는 프런티어'를 전후 과학 정책 수행의 모델로, 특히 대학과 관련해서 허버트 모리슨(애틀리 정부에서 부총리를 지낸 노동당 정치인 — 옮긴이)과 애틀리 정부에 적극 추천했다. McGucken, *Scientists, Society, and State*, pp. 307~341을 보라.

7 Pickstone, *Ways of Knowing*, pp. 183~185.

의의 과학적 후진성을 대비시키는 문화적 냉전이 정점에 이른 시기이기도 했다. 불행하게도 1957년 10월에 스푸트니크 1호가 발사된 사건은 미국에서 일시적으로 도덕적 공황을 불러왔고, 용맹한 코난트는 과학 교육과 연구에 한층 더 많은 투자를 하라고 요구하는 보고서를 제출하며 맞대응했다. 1년 뒤 의회는 바로 그런 효과를 내기 위해 '국방 교육법'이라는 딱 맞는 이름이 붙은 법을 통과시켰다.[8]

경고의 목소리

과학에 하는 투자가 가져올 이득에 거의 나라 전체가 도취돼 있던 시절에, 소수의 사람들은 끝없는 프런티어의 근거에 도전하거나 그런 흐름이 미국의 민주주의에 미칠 영향을 염려하는 목소리를 냈다. 그런 사람 중 하나가 좌익 사회학자인 C. 라이트 밀스였다. 밀스는 "지적 흥분을 주는 연구의 형태를 활용하고 있지만, 그러면서도 군대의 명령을 기계적으로 수행하는 미국의 '과학 기계'"를 해체하라고 요구했다.[9] 심지어 미국과 소련 사이의 '과학 경쟁'이 갖는 대중적 중요성도 부인했다. 그런 경쟁이 아직 본격 시작되기도 전에 말이다.

과학의 지위와 권력이 빠르게 상승하면서 나타난 위험을 비판한 좀더 의외의 인물은 드와이트 아이젠하워 대통령이다. 아이젠하워는

8 1958년에 나는 미국 인디애나 주에서 고등학생 토론 대회에 참가하기 전에 코난트 보고서를 읽었다. 전국적인 토론 주제가 '단호한 결의 — 미국은 소련의 교육 시스템을 받아들여야 한다'였기 때문이다. 이런 사실은 소련의 과학기술이 일시적으로 높은 평가를 받았음을 말해준다. 우리 팀은 이런 명제에 찬성하는 견해를 밝히며 상당히 많은 토론에서 승리할 수 있었다. 냉전이 절정에 이르던 시기에 다른 곳도 아닌 미국 중서부에서 말이다.

9 C. Wright Mills, *The Causes of World War Three*, New York: Ballantine, 1958을 Fuller, *Thomas Kuhn*, p. 233에서 재인용.

잘 알려진 고별 연설에서 거대한 군대-과학-산업 복합체의 위험을 경고했다.

> 정부의 여러 위원회에서는 군산 복합체의 …… 부당한 영향력 획득을 소홀히 감시해서는 안 됩니다. …… 미국의 학자들이 연방 정부의 고용, 프로젝트 할당, 돈의 힘에 지배받는 미래는 바로 우리 눈앞에 다가와 있으며 중대한 문제로 간주돼야 합니다. 또한 과학 연구와 발견을 마땅히 존중하면서도, 우리는 공공 정책 자체가 과학-기술 엘리트의 포로가 될 수 있는 여기에 못지않은 반대 위험에도 주의를 기울여야만 합니다.[10]

그러나 아이젠하워와 밀스는 모두 미국 사회의 주류에서 훨씬 바깥쪽에 위치해 있었다. 그때는 미국의 세기가 다다른 정점을 의심하는 게 아니라 칭송하던 시기였다. 그 속에서 자본주의, 민주주의, 과학의 승리는 서로 떼려야 뗄 수 없이 연결돼 있었고, 머나먼 미래에도 계속 영향력을 발휘할 것으로 가정됐다. 이렇게 강한 확신은 '이데올로기의 종언'이라는 표현에서 잘 드러났다. 이 표현은 그것 자체로 뿌리 깊은 사회적 합의 또는 정치적 합의를 투사하면서 '끝없는 프런티어'를 완벽하게 보완하는 이데올로기였다. 그렇게 해서 과학은 이제 온갖 종류의 사회 문제에 관한 비정치적 해법의 형태로 자연에서 사회로 확장될 수 있었고, 그중에는 미국의 친절한 헤게모니 아래 전지

10 Bob Young, "Growing up in Texas in the 1950s," *Ideas in Production: A Journal in the History of Ideas* 9~10, 1989, pp. 31~43에서 재인용. 이 글은 www.human-nature.com에서 볼 수 있다(2006년 1월 16일 접속).

구적 자본주의 경제의 성장에 부합하는 조건으로 제3세계를 '근대화' 하는 것도 포함돼 있었다.[11] 이런 흐름은 J. D. 버널의 과학적 사회주의가 지닌 전망에서 그리 멀리 떨어져 있지 않은 자본주의 과학의 신격화였다. 각자 매우 다른 (그러면서도 상대방에 못지않게 이상화된) 일단의 가치와 이해관계에 봉사한 점만 빼면 말이다.

과학기술학의 냉전적 기원

미국 자본주의의 황금기에 기술-과학 활동의 밀도와 중요성이 높아진 결과는 이 시기를 풍미한 과학 중심적 이데올로기뿐 아니라 사회적 또는 지적 노동 분업에서 생겨난 새로운 틈새에도 반영됐다. 과학의 역사와 사회관계를 분석하는 전문직이 생겨난 것이다. 전후 초기에 이런 전문가들이 수행하도록 의도된 임무는 '전문직-관리자 계층'의 새로운 구성원들이 대체로 '자본주의 문화와 자본주의 사회관계의 재생산'[12]에 전념한 예처럼 학자이자 연구자보다는 교사이자 해석가로 일하는 것이었다.

자신이 상대한 청중이 스스로 선택한 전문직에 관련해 좀더 폭넓

11 이런 전통의 고전은 물론 Daniel Bell, *The End of Ideology: On the Exhaustion of Political Ideas in the Fifties*, Cambridge, MA: Harvard University Press, 1960이다. 과학이나 과학기술학에 관련해 이런 담론에 관한 논평은 Fuller, *Thomas Kuhn*, pp. 7~11과 256~259, 그리고 Hollinger, *Science, Jews, and Secular Culture*, pp. 165~174를 보라. 냉전이 미국의 사회과학 발전에 미친 영향과 '이데올로기의 종언'에 기여한 내용에 관한 탁월한 연구는 S. M. Amadae, *Rationalizing Capitalist Democracy: The Cold War Origins of Rational Choice Liberalism*, Chicago and London: University of Chicago Press, 2003을 보라.

12 Barbara Ehrenreich and John Ehrenreich, "The new left and the professional-managerial class," *Radical America* 11(3), 1977, p. 7을 *Radical Science Journal* Collective, "Science, technology, medicine and the socialist movement," *Radical Science Journal* 11, 1981, pp. 3~70에서 재인용. 이 글은 www.human-nature.com에서 볼 수 있다(2006년 1월 16일 접속).

은 시야를 필요로 하는 과학도이든, 아니면 과학적 발견이 자신이 사는 사회를 어떻게 형성하고 있는지 이해하려 하는 비과학자이든 간에, 과학사 또는 과학사회학을 가르친 이들은 자신에게 주어진 사회적 사명의 질과 중요성에 관해 대단히 명확한 생각을 갖고 있었다. 이런 생각은 곧 새롭게 나타난 전문직 의식으로 탈바꿈했다. 이런 전문직 의식은 일반 역사가, 사회과학자, 심지어 자연과학자 등이 각자 속한 분야에서 아무리 저명한 학자라 하더라도 자신이 더 특별한 전문성을 지니고 있으므로 과학의 문화적 해석가로 활동하기에 더 나은 위치에 있다는 주장에 근거를 두고 있었다. 이 학자들은 과학 노동자들이 '휘그적'이고 비역사적인 이해를 가졌다며 탄식한 허버트 버터필드의 견해를 반영해, 과학의 해석은 사회에 무척 중요하기 때문에 과학자들에게 맡겨두어서는 안 된다는 요지의 주장을 폈다. 1950년대 중반이 되자 이런 옹호론은 이미 널리 퍼져 나갔고, 과학의 역사와 사회적 연구에서 진행되는 독창적 연구와 전문 학술지 발표를 인정하고 더 많이 지원해달라고 요청하는 데까지 나아갔다.

이런 주장이 좀더 깊이 있는 통찰과 지식에 비춰 얼마나 타당했는지를 일단 논외로 한다면, 1950년대에 이 분야의 강의와 논문에서 나타난 합의는 냉전기의 과학 이데올로기하고 놀라울 정도로 닮았다. 사실 그런 합의가 냉전기의 과학 이데올로기를 강화했다고 해야 할 것이다.[13] 데이비드 홀링거가 말한 대로 과학사가와 과학사회학자들은 모두 다음 내용을 공유하고 또 표출했다. '세속적 탐구가 훌륭한

13 이런 논의에서는 다음에 크게 기대고 있다. Michael Aaron Dennis, "Historiography of science: an American perspective," in Krige and Pestre(eds.), *Science in the Twentieth Century*, pp. 1~26; Fuller, *Thomas Kuhn*; Hollinger, *Science, Jews, and Secular Culture*, pp. 3~16, 80~120, 155~174.

사회를 만드는 데 남다른 중요성을 갖는다'는 세기 중반 미국인들의 믿음, '자연과학이 세속적 탐구의 기준을 설정한다'는 믿음, 궁극적으로 과학이야말로 '자신들이 미국 사회 전반에 어울린다고 생각하는 특정한 자유주의적이고 민주적인 가치들을 담은 매개체'로 밝혀지리라는 희망이 그것이다.[14] 분명 역사가들은 '끝없는 프런티어' 신화에서 그랬듯 학문적인 '순수' 과학, 그중에서도 특히 미국의 엘리트 대학에서 수행되는 과학에 압도적으로 초점을 맞추고 있었다.[15]

전리품을 나누다

나중에 STS 분야를 구성하게 될 하위 분야들 내부에는 지배적인 외적 접근 대 내적 접근 담론의 윤곽을 따라서 상당히 분명한 노동 분업이 자리 잡고 있었다.[16] 과학사가들은 방정식에서 내적 접근 쪽을 독점했고, 과학사의 교육과 연구는 하나의 지적 운동, 한 무리의 아이디어, 천재가 하는 연구로서 과학에 굳건하게 초점을 맞췄다. 초기에 역사 분야의 근거지로는 내적 접근에 치우친 하버드 대학교와 외적 접근에 치우친 코넬 대학교가 있었다. 하버드 대학교는 일차적으로 코난트가 구상한 교양 교육 프로그램에 도움을 주려고 이 분야를 키웠다. 이 프로그램은 점차 과학의 중요성이 높아지는 세상에서 기업과 정부에서 지도자 구실을 할 수 있게 비과학자들을 준비시키려는 기획이었

14 Hollinger, *Science, Jews, and Secular Culture*, pp. ix와 x.

15 엘리트의 지위는 동료 심사의 편향에 따라 강화됐다. 이런 현실은 연방 정부의 과학 분야 지원액 중 많은 부분이 몇몇 기관에만 흘러들어가는 결과를 낳았다. Fuller, *Thomas Kuhn*, pp. 161~162를 보라.

16 Shapin, "Discipline and bounding"을 보라.

다.[17] 반면 코넬 대학교에서는 헨리 겔락이 몸담고 있던 역사학과가 공학도와 과학도들을 상대로 전문직의 사회적 맥락을 강조하는 강의를 제공했다.[18]

미국 과학사회학의 창시자인 로버트 머튼은 이미 이 분야에서 여러 선구적인 업적을 내고 있었다. 애초 헤센과 영국 과학 좌파의 역사적 또는 정치적 사상에 영향을 받은 머튼은 이내 오른쪽으로 방향을 돌렸다. 머튼은 외적 접근 대 내적 접근의 구분을 사회학 담론에 소개했고, 과학의 에토스라는 자신의 영향력 있는 개념과 함께 그 개념이 자유민주주의와 양립 가능하다는 점을 제시했으며, 과학 지식의 사회학을 제안하는 어떤 주장도 과학사회학에서 배제해버렸다.[19] 자기 분야를 '외적 접근'에 따라 구성한 머튼의 시도는 엄청난 영향력을 발휘했다. 그러나 머튼은 과학이 미국 사회에서 중대한 사회 문제의 원천이 되기 전에는 이 분야가 '뜨지' 않을 것이라고 생각하기도 했다. 물론 컬럼비아 대학교에 있던 동료 학자 C. 라이트 밀스는 이런 일이 이미 일어났다고 믿었지만, 머튼은 불리한 정치적 논쟁에 끌려 들어갈 생각이 전혀 없었다. 냉전기에 이런 종류의 소란은 이미 과학철학을 불안정하게 만들었고, 전쟁 이전의 통일 과학Unity of Science 운동에서 남

17 Dennis, "Historiography of science," pp. 8~17; Fuller, *Thomas Kuhn*, esp. pp. 150~226; Hollinger, *Science, Jews, and Secular Culture*, pp. 155~174를 보라. 또한 Patrick Slaney, "Problems of scientific culture: the task of science education in the atomic age," unpublished MA Dissertation, Notre Dame University, 2005, esp. pp. 122~135는 코난트, 쿤, 하버드 교양교육 프로그램에 관한 풀러의 서술을 비판하고 있다.

18 Dennis, "Historiography of science," pp. 19~22.

19 Vidar Enebakk, "The three Merton theses," unpublished paper, 2005; Andrew Jewett, "Retrenchment for progress: Robert K. Merton's early sociology of science," unpublished paper, 2005; Everett Mendelsohn, "Robert K. Merton: the celebration and defence of science," *Science in Context* 3(1), 1989, pp. 269~289; Hollinger, *Science, Jews, and Secular Culture*, pp. 80~120을 보라.

은 잔재들을 파괴해버린 참이었으니 말이다.[20]

그럴 필요는 없었다. (좀더 엄격하게 정의된) 과학의 정치는 하버드 대학교에 몸담고 있던 돈 프라이스의 수중에 안전하게 들어가 있었다. 프라이스는 트루먼 행정부에서 과학 분야의 고위 관료를 지냈고, 과학자들과 과학자의 자율성을 보호해주는 정부 사이의 계약으로서 과학 정책이라는 새로운 하위 분야를 정립한 인물이다. 프라이스의 이 분야를 다른 과학 관련 분야들에 묶어준 것은 이 분야들이 공유한 외적 접근과 내적 접근의 담론과 그 밑에 깔린 가정들이었다. 곧 과학은 가치 중립적이고 이데올로기에서 자유로운 지적 추구로서 그 행위를 지원하는 폭넓은 사회에서 동떨어져 있다는 가정 말이다.[21] 때는 바야흐로 '과학**과** 사회'의 시대였다.

과학학이 패러다임을 획득하다

미국에서 과학기술학의 초기 명칭인 '과학학science studies'의 첫 물결은 1962년부터 1965년 사이에 정점에 다다랐다. 이 기간 동안 특히 조셉 벤-데이비드, 데릭 프라이스, 돈 프라이스, 워런 핵스트롬의 중요한 연구들이 발표됐다.[22] 그러나 이 시기에 단연 눈에 띄는 저작은 의문의 여지없이 토머스 쿤의 《과학혁명의 구조》였다.[23]

쿤은 과학 지식이 좀더 폭넓은 사회적 영향에서 단절돼 있다는 내

20 George A. Reisch, *How the Cold War Transformed Philosophy of Science: To the Icy Slopes of Logic*, Cambridge: Cambridge University Press, 2005.

21 과학의 가치 중립성에 관한 역사적 설명과 비판은 Proctor, *Value-Free Science?*를 보라.

22 Hollinger, *Science, Jews, and Secular Culture*, pp. 7과 100을 보라.

23 Thomas S. Kuhn, *The Structure of Scientific Revolutions*, Chicago: University of Chicago Press, 1962.

적 접근 과학사가들의 주장에 특권을 주는 조건 아래에서 외적 접근과 내적 접근을 나누는 사고방식의 강력한 종합을 제시했다. 쿤은 머튼의 외적 접근 사회학과 마이클 폴라니, 스티븐 툴민 같은 철학자들의 저술을 한데 합쳐, 분야에 따른 '패러다임'의 완결성을 유지하는 데 과학자 '공동체'가 하는 구실을 부각시켰다.[24] 코난트, 그리고 '과학의 전술과 전략'을 주제로 한 하버드 교양 교육 자연과학 4NatSci 4 강의하고 맺은 관계의 연장선상에서, 쿤의 작업은 전후 미국 과학 정책의 핵심을 형성한 '자유방임 공동체주의'와 동료 심사 시스템에 부합하는 철학적 정당화를 제공했다. 쿤이 '정상 과학'의 일상과 정규성을 강조한 점이 대부분의 과학자를 윌리엄 H. 화이트가 말한 고도로 사회화된 '조직형 인간'과 '팀 플레이어'의 지위로, 곧 화이트와 칼 포퍼가 과학의 실행에서 필수라고 느낀 종류의 비판적 반응을 실천에 옮길 능력이 없는 순응주의자로 축소시킨 것은 사실이다. 그러나 흥미롭게도 이 지점은 쿤의 작업 중에서 대부분의 동시대 과학자들에게 가장 진짜처럼 들린 대목이기도 했다. (쿤 자신은 정상 과학이 여전히 영웅적이고 도전적인 활동이라고 봤다.)

쿤은 히로시마 이후 과학이 더는 《과학혁명의 구조》에서 제시하듯 스스로 결정하는 탐구 형태로 실행될 수 없게 된 점을 공개적으로 시인할 수는 없었다. 이런 쿤의 주장이 공공 자금을 수령하고 지출하는 과학자들의 상대적 자율성을 정당화하는 '플라톤의 이중 진리'인지 여부하고는 별개로, 쿤은 이제 과학학 '공동체'에 외적 접근과 내적

24 Ian Jarvie, "Explanation, reduction, and the sociological turn in the philosophy of science: or Kuhn as ideologue for Merton's theory of science," in G. Radnitzky(ed.), *Centripetal Reason*, New York: Paragon House, 1988, pp. 299~320을 보라.

접근을 구분하는 '정상' 연구라는 좀더 일관되고 야심 찬 프로그램을 위한 나름의 패러다임을 제공하게 됐다. 이런 변화는 단지 미국에 국한되지 않았다.[25] 과학 변화에 관한 쿤의 모델이 1961년 옥스퍼드 대학교에서 열린 학술회의에서 발표된 뒤 영국의 많은 과학사가와 과학의 사회적 분석가들도 쿤 혁명을 받아들이게 됐다.[26]

미국의 진보주의자와 이주자들

1950년대와 1960년대 초에 과학사에 뛰어든 모든 미국 학자들이 학계의 지배적인 합의를, 또는 좀더 넓은 의미에서 과학과 사회를 예찬하는 이데올로기를 완전히 받아들인 것은 아니었다.

에버릿 멘델존과 제리 라베츠는 모두 학부생일 때 마르크스주의의 영향을 받아, 1950년대에 각자의 전공 분야인 생물학과 수학을 떠나 활동가-역사가로서 뛰어난 경력을 쌓기 시작했다. 두 사람은 헤센의 저작, 전쟁 이전 영국의 과학 좌파와 전후의 마르크스주의 역사가들인 릴리, 메이슨, 더크 스트뤽 등의 역사적 저술을 읽고 크게 영감을 얻었(고 거기에 못지않게 반감을 느끼기도 했)다.[27] 그 뒤 하버드에 기반을 둔 멘델존은 그곳에서 영감을 주는 교사이자 과학의 사회사

25 Fuller, *Thomas Kuhn*, p. 74. 풀러는 쿤의 작업에 관한 자신의 이해와 비판을 구성하는 중요한 요소로 '플라톤의 이중 진리' 개념을 활용하고 있다.

26 Teich and Young(eds.), *Changing Perspectives in the History of Science*, pp. ix~xi.

27 1965년에도 버나드 바버는 마르크스주의 역사가들이 한 연구가 미국 대학에서 통합되고 '분과'로 자리 잡지 못했다고 여전히 탄식하고 있었다("Sociology of science: a trend report and bibliography," *Current Sociology* 5, 1965). Shigeru Nakayama, "J. D. Bernal, the founder of science policy studies and the later development of the discipline," in Steiner(ed.), *J. D. Bernal's The Social Function of Science*, p. 393에서 재인용.

에 관한 지칠 줄 모르는 옹호자로 상당한 명성을 얻었다(그렇지만 여전히 외로운 자리였다).[28] 라베츠는 영국으로 이주했고, 그곳에서 새로운 과학의 사회사 서술을 개척한 '리즈 학파'를 세우는 과정을 테드 맥과이어, 피요 라탄시, 찰스 웹스터와 함께 주도했다.[29] 그러나 라베츠는 쿤의 패러다임을 좀더 정치화하고 비판적으로 변형한 자기 나름의 이론 틀을 발전시킴으로써 이미 마르크스주의에는 거리를 두고 있었다.[30]

1960년대를 거치면서 더 많은 젊은 미국 역사가들이 라베츠를 따라 영국으로 건너갔다. 의대 학생이던 두 사람(예일 대학교와 로체스터 대학교를 다닌 로버트 영[31]과 하버드 대학교를 다닌 로이 매클라우드)은 모두 케임브리지로 갔고, 그곳에서 영(과 라탄시)은 1968년에 이후 크게 영향력을 발휘한 킹스 칼리지의 과학과 역사 세미나를 만들었다.[32] 한편 하버드 대학교에서 온 게리 워스키와 펜실베니아 대학교에서 온 스티븐 섀핀은 각각 전쟁 이전의 과학 좌파와 에든버러 왕립학회Royal Society of Edinburgh를 주제로 한 박사 논문을 쓰려고 영국에

28 멘델존의 삶, 경력, 학문에 끼친 영향에 관해서는 Garland E. Allen and Roy M. MacLeod(eds.), *Science, History and Social Activism: A Tribute To Everett Mendelsohn*, Dordrecht: Kluwer, 2001 중에서 특히 Allen and MacLeod's 'Introduction,' pp. 1~20; Gary Werskey, "'The social context of science': Soc Sci 119 as a way of life and learning," pp. 203~214를 보라. 아울러 Yaron Ezrahi, Everett Mendelsohn and Howard Segal(eds.), *Technology, Pessimism and Postmodernism*, Amherst: University of Massachusetts Press, 1994도 보라.

29 Young, "The historiographical and ideological contexts of the nineteenth-century debate on man's place in nature," pp. 357~358.

30 Jerry R. Ravetz, *Scientific Knowledge and Its Social Problems*, Oxford: The Clarendon Press, 1971.

31 아래 나오는 밥 영하고 같은 사람이다. 과학사가로서 학술 논문을 쓸 때는 로버트 M. 영이라는 이름을 썼고, 나중에 급진 과학 운동에 투신한 뒤 발표한 글에서는 밥 영이라는 이름을 썼다 — 옮긴이.

32 Young, "The historiographical and ideological contexts of the nineteenth-century debate on man's place in nature," pp. 359~361.

도착했다(에든버러에 간 두 사람은 새로 설립된 과학학과에서 결국 만나게 된다). 뭉뚱그려 보면 이런 젊은 미국인들은 이제 정말로 '그곳에 건너가' 있었고 영국의 학계에 학문적 족적을 남길 준비가 돼 있었다.

심지어 1968년이 돼서도 여전히 분명하지 않은 점은 약한 좌파-자유주의 성향을 지닌 이런 미국인 이주 과학사가들이 당대의 새로운 급진 정치 속으로 끌려들어갈 것인가 하는 문제였다. 미국에 어떤 문화적이고 정치적인 불만을 갖고 있든 간에, 이 사람들은 미국 역사상 가장 흥분되고 낙관적인 시기 중 하나(젊은 지식인들에게는 분명히 그랬다)를 거치며 성인이 된 이들이다. 빠르게 성장하는 과학학 분야에서 지적 흥분과 함께 연구 성과가 쏟아진 점 말고도, 그때는 케네디가 대통령으로 재임한 '카멜롯'의 시대이기도 했다. 말하자면 젊은 왕이 미국의 새로운 문화적이고 정치적인 르네상스에 참여하도록 자유주의적인 엘리트 학자들을 적극적으로 끌어들이고 고무한 시대라는 말이다.

그러나 젊은 대통령의 암살은 이런 지적 기대가 갖고 있던 낭만적 거품을 때 이르게 터뜨려버렸다. 특히 젊은 학자들에게 그러했다. 홀링거의 말을 빌리자면, 이런 젊은 학자들은 점차 '미국 사회에 내재한 뿌리 깊은 불공평에 좀더 효과적으로 대처하지 못하는 기성 학문의 무능함과 미국이 세계에서 저지르고 있는 폭력적 악행이 가져다주는 정직한 좌절'을 경험하고 있었다.[33] 물론 이런 악행의 일부는 톰 레러의 노래나 〈닥터 스트레인지러브Dr. Strangelove〉(1964), 〈핵전략 사령부

33 Hollinger, *Science, Jews, and Secular Culture*, p. 6.

Fail-Safe〉(1964) 같은 영화들을 통해 알고 있듯이 실험실에서 곧장 나온 것이었다.

그렇지만 계속 팽창하고 있는 대학 시스템 안에서 가치 있는 학문적 경력에 관한 기대는 여전히 높았고, 근대 과학에 관한 우리 자신의 사회적 상상력과 역사적 이해를 심화시키는 과정이 주는 흥분도 계속 이어졌다. 그래서 1930년대 초의 조지프 니덤과 동료들이 그랬듯이, 우리도 우리 나름의 연구에 집중하려 계속 노력하고 있었다. 우리 중 적어도 몇몇의 삶 속으로 정치가 결정적으로 밀고 들어오기 전까지는 말이다.[34]

34 이런 분위기와 초점은 적어도 이 시기를 지나온 내 경험에는 잘 맞아떨어졌다. 유럽 지성사를 전공하는 학생으로서 나는 역사와 사회과학에서 모두 너무나 많은 새로운 접근법을 탐구할 수 있었고, 또 이런 시각들을 과학의 영역에 적용해볼 수 있었기 때문에 특권을 누리는 느낌이었다. 그러나 자유주의적 민주주의자로서 나는 아울러 내 학문적 활동과 정치적 이상 사이의 밀접한 연결도 느끼고 있었다. 이 점은 내가 박사 학위 논문 지도 교수로 선택한 H. 스튜어트 휴즈와 에버릿 멘델존이 상징적으로 보여준다. 휴즈는 1962년 매사추세츠 주 상원 의원 선거에서 테드 케네디에 맞서 반핵 후보로 출마했고, 멘델존은 휴즈의 선거운동본부 본부장으로 일했다. 심지어 나는 1967년에 잠시 동안 무척 젊고 유능한 하원 의원인 리 해밀턴 밑에서 행정 보좌관으로 일하면서 정치 조직원으로서 내가 지닌 능력을 시험해보기도 했다. 그러나 나는 논문으로 되돌아갔는데, 버널이나 니덤 등하고 맺는 관계에서 기대하던 순수한 지적 흥분 때문이었다. 그런 점에서 나는 분명 기대한 것 이상을, 특히 나 자신의 급진화라는 성과를 얻었다.

1968

어떤 측면에서 보면 1968년의 '사건'들은 1930년대의 인민전선 정치보다는 1848년 혁명을 좀더 닮았다. 1848년 혁명이 그랬듯이, 여기서 볼 수 있는 것은 실패한 혁명(소련 또는 심지어 뉴딜 정책)의 해방적 이상을 지지하며 강력한 반혁명(미국이 이끈)에 맞선 전세계적 봉기다. 1848년과 1968년에는 모두 즉각적인 성과는 거의 얻어내지 못한 단명한 분출이 있었다. 지금 와서 돌이켜 보면 우리는 1848년 봉기가 궁극적으로 국가 권력의 장악에 몰두하는 반자본주의 또는 친민족주의 운동의 뒤이은 제도화를 촉발함으로써 유럽 정치를 변화시키는 데 실제로 성공을 거둔 사실을 이해할 수 있다.

한 세기가 지나자 1848년의 꿈은 선진 자본주의 사회의 사회민주주의 개혁, 공산주의 중국과 소련의 근대화 프로그램, 이전 식민지 국가들의 성공적인 해방을 통해 실현된 듯 보였다. 그러나 1968년이 되자 이런 성취의 광채는 많은 사람들의 눈에 상당히 흐려진 것처럼 보였다. 자본주의와 공산주의를 막론하고 모든 기성 체제들에 관해 쌓인 실망감 탓에 불붙은 '사건들les événements'이 눈덩이처럼 불어나 전지구적으로 '세계 체제의 해악에 맞선 심장의 외침cri de coeur과 구좌파의 세계 체제 대항 전략에 관한 근본적 문제 제기'가 나타났다.[35]

세대 차이

1968년의 급진 운동이 1930년대의 정치에서 크게 부각된 바로 그 조직들에 반대한 사실은 이런 두 시대 사이에 아주 명확한 세대 차이가 있다는 점을 보여준다. 전쟁 이전 시기가 전지구적 경제 불황과 파시즘의 발흥에 지배됐다면, 1968년의 급진주의자들(분명 OECD 국가에 살고 있었을)은 인류 역사상 다른 그 어느 세대에도 견줄 수 없는 생활을 하면서 번영을 누렸다. 그 결과 구좌파와 신좌파를 길러낸 희망과 불만의 혼합은 서로 매우 달랐고, 각각 보낸 지지의 성격과 규모 역시 마찬가지였다. 1930년대에는 경제적 안정과 국제 안보에 관한 염려가 널리 퍼져 있었고, 이런 상황은 국가 권력의 획득에 초점을 맞춘 상당히 넓은 기반을 가진 대중 운동을 낳았다.

반면 젊고 고등 교육을 받은 중산층 반대자들의 비율이 더 높은 68세대의 불만은 국가를 향한 불만과 주변화된 지위 집단이 겪는 불공평에 관한 보상에 좀더 초점이 맞춰져 있었다. 많은 젊은 급진주의자들은 구좌파의 대중 정당에 의존하는 대신, 대규모 시위와 공동체 조직이라는 좀더 분산된 실천에 호소했다. 방식과 태도에서 반권위주의와 반위계주의를 의식적으로 표방한 1968년의 운동과 사건들은 분명한 '지도자'들을 만들어내지 않았고, 마오쩌둥, 체 게바라, 호치민 같은 제3세계의 상징적 영웅들이 있을 뿐이었다.

역설적인 점은 세계 전역에서 제각각 전개된 저항 운동을 한데 묶어주는 원인을 제공한 미국에서도 나름의 급진적 세대가 등장했고, 그 세대의 정치와 문화가 유럽과 다른 지역에서 널리 모방된 사실이

35 Arrighi et al., *Antisystemic Movements*, p. 101.

다. 1960년대 초의 민권 운동에서 유래한 미국의 운동은 이내 베트남전에 맞선 폭넓은 반대를 중심으로 한데 뭉쳤고, 그런 반대를 만들어내는 데 일조하기도 했다. 나중에 페미니즘, 동성애자의 권리, 환경 운동을 포괄하게 된 급진 정치의 성장은 여기에 못지않게 저항적인 이른바 '대항문화counter-culture'의 발흥하고 나란히 일어났다. 대항문화는 섹스, 마약, 로큰롤뿐 아니라 부르주아지 생활 방식과 소비주의 가치를 거부한 대안적 생활 방식과 공동체들이 어지럽게 뒤섞인 흐름에 기반을 두고 있었다.

종종 미국의 저항 운동이 내건 대의명분과 과시적 요소들을 채용하기는 했지만, 유럽의 저항 운동들은 이런 요소들을 매우 다른 문화 환경과 정치 상황에 맞춰 변용했다. 미국의 베트남 개입에 관한 반대는 영국을 비롯한 다른 여러 나라에서 냉전기 대부분의 기간 동안 잠재돼 있던 반미 민족주의를 되살리는 데 일조했다. 이데올로기나 지적으로 좀더 잡다한 부류들이 뒤섞인 미국의 급진 사상은 좀더 익숙하고 엄격한 유럽의 사회주의와 마르크스주의 저항 전통을 통해 걸러졌다. 반면 유럽에서 미국 급진주의자들의 이론과 실천에 미친 영향은 훨씬 적었다.[36]

이 글의 목적을 위해 좀더 중요한 요소로, 세대 간에 대비가 되는 지점이 하나 더 있었다. 각자 속한 정치에서 과학과 소련이 떠맡은 각기 다른 구실이 그것이다. 구좌파, 특히 구 과학 좌파에게 과학과 사회주의는 그 세대의 미래에 관한 위대한 희망으로서 떼려야 뗄 수 없

36 그러나 고전적인 유럽(과 미국) 마르크스주의가 미국의 운동에 미친 영향을 간과하면 안 된다. Garland E. Allen, "Radical politics and Marxism in the history of science," in Allen and MacLeod(eds.), *Science, History and Social Activism*, pp. 185~201를 보라.

이 연결돼 있었다. '과학의 좌절'은 소련의 전례에서 볼 수 있듯 계획된 과학적 진보와 사회적 진보의 시대에 자리를 내주게 될 것이었다. 그러나 1960년대가 되자 소련식의 과학적 사회주의는 부유한 서구는 말할 것도 없고, 직접 지배 아래에 있는 국민들에게도 그리 많은 희망을 제시해주고 있지 못한 듯 보였다. 더욱 중요한 것은 기술-과학 전문성과 지식이 전후 자본주의 생산, 군사력, 문화의 구조 속으로 더 많이 통합되면서, 1968년의 급진주의자들에게 '과학'은 정치적으로 훨씬 더 모호한 자원이자 상징이 됐다는 점이다.

물론 베트남의 농촌과 민중을 모독한 과학 지식의 이용과 오용, 거대 기업의 살충제가 환경에 일으킨 '침묵의 봄', 흑인과 여성의 종속을 사회생물학으로 정당화하려는 시도 등을 비난하기는 쉬운 일이었다. 그러나 만약 이런 일들이 오용의 결과물이 아니라 전후 사회 속에서 과학의 사회적 관계, 지식, 특권적 지위의 바로 그 핵심 속에 주입된 가치가 빚어낸 결과물이라면 어떻게 할 것인가? 프랑크푸르트학파의 마르크스주의자들과 대항문화의 거물들이 기묘하게 뒤섞이면서 '과학의 지배는 저 아래 실험실에서 우리가 만들어낸 가장 중요한 산물'이라는 확신이 점차 커지고 있다는 것은 분명했다.[37]

37 Theodore Roszak, *The Making of a Counter Culture: Reflections on the Technocratic Society and Its Youthful Opposition*, London: Faber, 1970; Herbert Marcuse, *One-Dimensional Man: Studies in the Ideology of Advanced Industrial Society*, London: Routledge & Kegan Paul, 1964; Jürgen Habermas, *Knowledge and Human Interests*, Boston: Beacon Press, 1971; Martin Jay, *The Dialectical Imagination: A History of the Frankfurt School and the Institute of Social Research, 1923~1950*, London: Heinemann, 1973을 보라.

급진 과학

미국의 영향

이제 미국의 급진/좌파 과학자들이 영국의 급진 과학 운동에 조직 모델과 영감을 제공한 사실이 그리 놀랍게 여겨지지 않을 것이다.[38] 1960년대 중반부터 확대되고 있던 캠퍼스 소요의 흐름 속에서 미국 대학의 과학자들이 대량 살상 무기를 개발하는 과정에 얼마나 넓고 깊게 관여하고 있었는지 알려주는 불리한 정보들이 밝혀지기 시작했다. 베트남전 반대 운동이 절정에 이를 무렵, 염려하는 과학자연합UCS과 사회·정치적 행동을 위한 과학자와 엔지니어들SESPA을 비롯해 좀 더 혁명적인 그룹들이 1969년 3월 MIT에서 벌어진 연구 파업을 준비하는 데 힘을 합쳤고, 이런 움직임은 다시 다른 대학들로 퍼져 나갔다.

38 Hilary Rose and Steven Rose, "The radicalisation of science," in Hilary Rose and Steven Rose(eds.), *The Radicalisation of Science: Ideology of/in the Natural Sciences*, London: Macmillan, 1976, pp. 1~31, 특히 pp. 14~17. 아울러 1968년 이후 젊은 프랑스와 이탈리아 과학자들이 실험실 안에서 작동하는 위계와 권위에 도전하고, 자신이 하는 연구를 지역 공동체의 필요에 좀더 밀접하게 연결시키려 노력한 것도 영향을 미쳤다. 그 뒤 10년 동안 영국의 운동과 미국의 운동은 파편적이고 산발적으로 접촉했을 뿐이다. 상호 작용과 영향의 부재는 우리의 이론적 작업에서 특히 잘 드러났다. 스탠리 아로노위츠, 데이비드 노블을 비롯해 특히 해리 브레이버맨(아래를 보라)이 영국에서 높은 평가를 받고 활용되기는 했지만 말이다. 아울러 Stanley Aronowitz, *Science as Power: Discourse and Ideology in Modern Society*, Minneapolis: University of Minnesota Press, 1988; David F. Noble, *America by Design: Science, Technology, and the Rise of Corporate Capitalism*, New York: Knopf, 1977도 보라.

이렇게 과학의 군사적 응용에 초점을 맞춘 미국의 운동은 영국에서 벌어진 비슷한 폭로에 영감을 줬다. 폭로는 1967~68년에 생화학전 연구에 지원한 영국 정부에 항의하는 학술회의와 함께 시작됐다. 그러나 미국하고 다르게 영국의 군사 분야 연구 개발은 대체로 대학이 아니라 정부 연구센터에서 진행되고 있던 탓에 이런 종류의 연구가 급진적 선동의 목표물로 눈에 띌 가능성은 낮았다.

영국의 운동

그렇지만 이런 급진 과학의 진출 시도를 처음으로 조직한 사람들은 상당히 고무돼 있었다. 여세를 몰아 구좌파, 자유주의자, 좀더 급진적인 과학자들을 한데 묶어 과학의 사회적 책임을 위한 영국 협회BSSRS를 결성했다.[39] 창립 총회는 1969년 4월에 다른 곳도 아닌 왕립학회에서 열렸고, 협회의 존경받는 내빈과 지지자 중에는 버널(여러 차례 심장 발작으로 거동이 전혀 불가능하던), 레비, 니덤도 있었다. 처음에 BSSRS는 다양한 견해를 지닌 (종종 저명한) 과학자들이 과학의 이용과 오용에 관해 자신이 품고 있는 염려를 부각시킬 수 있는 고전적인 **비정치적** 무대로 의도됐다. 홍보 작업에서도 능력을 발휘해 '현대 생물학의 사회적 영향'에 관해 대규모 학술회의를 준비하던 1970년에 가장 큰 성과를 냈다.[40]

그러나 협회 내부에서는 기성 체제에 좀더 가까운 구성원들과 좀

39 Rose and Rose, "The radicalisation of science," pp. 18~24. 또한 Bob Young, "Introduction," in Les Levidow(ed.), *Radical Science Essays*, London: Free Association Books, 1986, pp. 1~14도 보라.

40 Watson Fuller(ed.), *The Social Impact of Modern Biology*, London: Routledge & Kegan Paul, 1970.

더 젊고 급진적인 회원들(그중에는 과학계의 노블리스 오블리주의 하나로 BSSRS의 입회가 허용된 밥 영 같은 많은 비과학자들도 있었다)이 서로 불편해하는 조짐은 진작부터 있었다. 이런 긴장은 예를 들어 북아일랜드에서 폭동 진압용 고무탄이나 최루가스를 사용하는 행위에 얼마나 강경한 태도를 취할 것인가부터 BSSRS가 실험실 위계의 문제에 얼마나 깊숙이 관여할 것인가에 이르기까지 여러 차례의 논쟁에서 드러났다. 특히 실험실 위계의 문제는 BSSRS가 1972년에 '과학의 자기 관리'를 주제로 한 선구적 학술회의를 열어 다루기도 했다. 이렇게 막다른 골목에 몰리면 나오는 전형적인 반응은 탈퇴였다. BSSRS의 핵심 창립자인 힐러리 로즈와 스티븐 로즈는 이 단체가 충분히 '사회주의적'이지 못하다며 이내 협회를 떠났다. 반면 마이클 스완이나 존 자이먼 같은 자유주의적 엘리트 과학자들은 단체가 지나치게 급진적이라고 생각해 탈퇴한 뒤 좀더 마음이 맞고 배타적인 과학과 사회 위원회Council for Science and Society를 만들었다. 물론 이런 '분열'은 1970년대에 흔히 볼 수 있는 일들 중 하나였다.

BSSRS의 초창기는 그 뒤 10년 동안 급진 과학 운동을 채우게 될 많은 도전들을 부각시켰다. 세대 간 분열은 해소되는데, 나이 든 과학자들이 협회에 참여하지 않는 쪽을 택했기 때문이다. 많은 회원을 끌어들이려는 노력을 기울이지 않았는데도 BSSRS는 1000명이 넘는 과학자와 비과학자들을 회원으로 거느렸고, 거의 모두 대학에 기반을 둔 연구원이거나 학생이었다. 여기에는 젊은 STS 교사와 학자들이 포함돼 있었고, 이 사람들의 소임은 과학과 공학을 전공하는 학생들에게 앞으로 하게 될 일의 사회적 차원과 전문 직업으로서 지녀야 할 책임에 관해 생각하게 하는 것이었다. 전반적인 운동은 늘 런던에 기반을 둔(또는 적어도 런던에 중심을 둔) 듯했지만, 예를 들어 케임브리지, 에든버러, 리즈, 맨체스터 같은 곳에는 BSSRS의 지역 지부가 만들어졌다.

결국 학계에 급진 과학을 향한 관심이 결여된 상황은 아니었지만(급진 과학 운동과 지지자에게 모두) 문제는 이 관심을 어떻게 연결하고 유지하느냐 하는 것이었다. 세 가지 수준의 실천들 내부와 그 사이에서 균형을 달성해야 했다.

첫째, 급진 과학 자체 내부에서 자본주의 과학에 관한 이론적 이해를 발전시키는 과제와 특정한 과학적 실천에 초점을 맞춘 선동 투쟁을 전개하는 과제에 각각 얼마나 많은 노력을 투입해야 하는가? 그리고 어떻게 하면 이 둘의 관계가 가장 큰 결실을 맺을 수 있는가? 둘째, 급진 과학 활동의 총합이 좌파 정치의 다른 형태들하고 어떻게 공존하며 또 연결될 수 있는가? 이때쯤 되면 좌파 정치에는 고도로 파편화된 정치적 당파와 분파들이 빽빽하게 들어차 있었고, 아주 많은 수의 쟁점 기반 운동으로 사분오열하고, 마르크스주의, 급진자유주의, 아나키즘, 사회민주주의 등 서로 경합하는 여러 사조들이 중첩돼 있었다. 셋째, 이런 활동의 총합이 우리의 다른 모든 삶의 신념이라는 맥락 속의 어디에서 어떻게 자리를 잡아야 하는가? 좀더 구체적으로, 우리의 정치와 삶은 우리가 표출하는 종류의 사회주의적 가치를 미리 그려낼 수 있는가, 그려내야 하는가, 또 그려낼 것인가? 만약 그렇다면 어떻게, 얼마나 그러한가? 1970년대에는 때때로 분열이 죽은 듯 조용히 지내는 것보다 더 쉬운 일이었다.

이론과 실천

여기서는 1960년대에서 1980년대 사이에 급진 과학 운동이 후원한 아주 넓은 범위의 선동과 이론 작업을 짧게 개관하는 정도로 그치려 한다.[41]

급진 과학 운동의 주요 활동 중 하나는 점차 정교해진 일련의 분석을 통해 기술이 북아일랜드의 정치적 억압과 그밖에 다른 제국주의 내전에 미친 악영향을 폭로하는 작업이었다.[42] 산업계에 관련해서는 BSSRS의 '위해 분과Hazards Group'가 직업 보건과 안전에서 발견되는 온갖 위험한 관행을 폭로하면서 이런 관행을 뒷받침하는 고용주에 편향된 과학을 부각했다. 1970년대의 과학 기반 노조 투쟁 중에서 가장 주목을 끈 사례는 아마도 카리스마 넘치는 마이크 쿨리가 이끈 루카스 항공 노동자들의 시도일 것이다. 루카스 항공 노동자들은 무기 생산을 중단하고 사회적으로 유용한 제품을 만들자는 자체적인 협동 계획을 제시하면서 감원에 맞서 싸웠다.[43] 인종주의에 반대하는 시각에서 손꼽히는 심리학자와 생물학자들의 연구를 비판한 내용은 런던에 있는 여러 학교에서 수업 진행을 개선하는 데 활용됐다.[44] 아울러 '과학과 여성 분과Women in Science Group'가 만들어져 낙태의 과학과 정치뿐 아니라 과학 이론과 전문직 실천에 관해서도 페미니즘의 시각을 끌어들였다.

41 Helena Sheehan, "Marxism and science studies: a sweep through the decades," *International Studies in the Philosophy of Science* 21(2), 2007, pp. 197~210도 보라.

42 Carolyn Ackroyd et al., *The Technology of Political Control*, Harmondsworth: Penguin, 1977.

43 Hillary Wainwright and Dave Elliott, *The Lucas Plan: A New Trade Unionism in the Making?*, London: Allison & Busby, 1982를 보라. 루카스 연합 노조가 급진 과학 운동의 지원을 거의 받지 못했다는 풀러의 잘못된 지적은 Fuller, *Thomas Kuhn*, pp. 73~74에서 볼 수 있다.

44 L. Levidow and D. Gill, *Anti-Racist Science Teaching*, London: Free Association Books, 1987을 보라.

식품 안전과 생산, 보건 등을 중심으로 또 다른 급진적 기획들이 시작됐고, 심지어 '급진 통계학 분과Radical Statistics Group'도 생겨났다. 이 분과는 노동자, 소비자, 공동체 활동가들이 온갖 기성 체제의 시각에서 제공되는 '과학적' 정당화를 이해하고 여기에 도전할 수 있도록 돕는 회보와 안내서를 발간했다. 좀더 대항문화에 가까운 대안 기술 운동은 잡지 《언더커런츠Undercurrents》에 소개된 것처럼 나름의 방식으로 사회생태학과 기술적 창의성을 뒤섞어 진행됐다. BSSRS가 자체 발간한 잡지 《민중을 위한 과학Science for People》은 급진 과학 운동이 전반적으로 기울이는 노력과 성취에 관련된 최신 소식을 전달하고 보고하려 애썼다.[45]

급진 과학 운동의 비공식 이론지는 《급진 과학 저널Radical Science Journal, RSJ》이었다. 처음에 데이비드 딕슨, 조너선 로젠헤드, 밥 영의 착상으로 시작된 RSJ는 편집 '동인'을 중심으로 1971년에 결성되지만, 첫 호는 1974년 1월에 나왔다.

이 학술지는 조금 전에 언급한 모든 쟁점을 한두 번씩 다룬 데 더해, 핵 발전, 정보통신 기술, 생명공학 같은 거대과학과 첨단 기술의 사회적 구성과 함의를 다룬 많은 논문을 실었다. 또한 실험실이 어떻게 운영되고 감독받는지 기층의 관점에서 쓴 글을 기고하라고 현장 과학자들을 독려했다. 여기서 '과학'은 자연과학뿐 아니라 사회과학

45 Jerome Ravetz, "Anti-establishment science in some British journals," in Helga Nowotny and Hilary Rose(eds.), *Counter-Movements in the Sciences*, Dordrecht: Reidel, 1979, pp. 27~38을 보라. 이 논문이 보여주는 것처럼, 제리 라베츠는 1970년대의 주류 급진 과학 운동에 비판적인 거리를 유지하고 있었다. 그래서 스티브 풀러가 라베츠를 운동의 활동가이자 지지자로 그려낸 것은 영문을 모를 일이다(Fuller, *Thomas Kuhn*, 특히 pp. 73~74). 라베츠가 자유주의적이고 중앙 집중적인 과학과 사회 위원회의 창립 회원 중 한 사람이라는 점을 고려하면 더욱 그렇다.

1983년에 발간된 《급진 과학 저널》 13호 표지.

도 의미했고, 특히 정신 분석을 강조했다. 이런 흐름은 나중에 《자유 연상Free Associations》이라는 자체 학술지의 창간으로 이어졌다. 우리는 또 구 과학 좌파에 속한 선배들과 우리 자신의 운동에 관해 모두 논평을 하기도 했다.[46] 이런 종류의 정치적 분석과 좀더 일반적인 이론적 작업은 때때로 점차 운동의 주변부에서 활동하게 된 힐러리 로즈와 스티븐 로즈가 발표한 글에 맞대응하는 차원에서 진행됐다. 1980년대를 거치면서 RSJ는 여전히 비판적인 성격을 띠고 있지만 정치적 참여는 줄어든 《문화로서의 과학》이라는 학술지로 변모했다.

《급진 과학 저널》

10년이 넘는 기간 동안 RSJ 동인으로 활동한 사람으로서, 먼저 이 학술지의 '구상 방식'과 우리의 노동 과정을 간략히 밝히고 싶다. 우리가 한 방식대로 진지한 지적 학술지를 정기적으로 만들어내는 일은 때때로 좌절을 안겼고, 자주 영감을 불러일으켰으며, 언제나 힘겨운 일이었다. 우리는 배경, 전문성, 정치적 관점에서 다양하고, 건강한 수준의 자기 고집을 가졌으며, 다른 사람들에게 상당히 많은 노력을 요구하는 지식인들의 집단이었다.

RSJ 동인은 공동 작업을 하는 방법뿐 아니라, (좀더 벅찬 과제로) 엄청난 폭과 깊이의 이론적 이해(특히 고전 마르크스주의와 현대 마

46 예를 들어 Gary Werskey, "Making socialists of scientists: whose side is history on?," *Radical Science Journal* 2~3, 1975, pp. 13~50; Robert M. Young, "Getting started on Lysenkoism," *Radical Science Journal* 6~7, 1978, pp. 81~105; Robert M. Young, "The relevance of Bernal's questions," *Radical Science Journal* 10, 1980, pp. 85~94를 보라. 영은 과학 좌파를 다룬 내 책을 재출간하는 작업에도 관여했다. Werskey, *The Visible College*, pp. xi~xvii에 실린 영의 서문을 보라.

르크스주의 텍스트에 관한 이해)를 갖출 수 있게 스스로 공부하는 방법도 찾아내야 했다.[47] 이런 사정 때문에 우리는 정기적인 편집 회의에 더해, 활기가 넘치지만 대단한 노력이 필요한 여러 독서 그룹에 몇 년 동안 참여해야 했다. 편집 과정도 여기 못지않게 어려웠다. 투고된 논문들은 동인 중 적어도 네 명의 검토를 받아야 했을 뿐 아니라 여러 명의 외부 심사 위원을 거치며 호된 비평에 노출돼야 했다. 공동으로 집필되고 검토된 이론 논문들은 우리의 기지와 선의를 더욱 많이 요구했다.

책을 만드는 문제에 관련해 우리는 좌파 출판물의 조판과 인쇄에 투신한 또 다른 사회주의 동인과 긴밀한 관계를 맺었다. 레스 레비도우와 밥 영은 이내 골수 구성원이 돼 계속 그 자리를 지켰고, RSJ를 독자에게 전달하기 위해 다른 좌파 잡지들과 함께 급진 유통 조합을 설립하고 운영하는 데 많은 시간을 투자했다. 밥과 레스는 나중에 지적 생산의 물질적 측면에 관여한 경험을 살려 자체 출판사인 프리 어소시에이션 북스Free Association Books를 만들었다.

학술지와 동인에 속한 개별 회원들은 급진 과학 운동이 벌인 선동 투쟁과 접점을 유지하기 위해 적극적으로 노력했지만, 아울러 우리는 사회주의 경제학자 협의회Conference of Socialist Economists처럼 우리하고 생각이 비슷한 급진적 단체들을 상대로 연대하면서 지적 이해와 연계

47 대부분의 경우 우리가 급진화된 시점이 마르크스주의에 관심을 가진 시점보다 빠른 탓에 마르크스주의는 넓은 범위에 걸친 다른 지적 영향이나 전통하고 공존하게 됐다. 실제로 마르크스주의를 하나의 지적 운동으로 공부하고, 이어 첫째 과학 좌파의 마르크스주의 저술을 연구한 사람으로서 나는 1970년 무렵의 아주 짧은 기간 동안 이 주제에 관한 권위자 비슷한 지위를 누렸다. 우리의 작업에 영향을 준 비마르크스주의 문헌의 목록이나 관련된 토론은 R. M. Young, "Evolutionary biology and ideology: then and now," *Science Studies* 1, 1971, pp. 177~206을 보라.

를 확장하려 애썼다. 이렇게 커다란 노력을 기울여 우리는 자본주의 과학의 역사적 관계와 사회적 관계에 관한 마르크스주의적 이해에 어떤 기여를 했을까?

밥 영 — 급진 과학의 '버널'

급진 과학에서 가장 중요한 이론적 기여는 밥 영, 그리고 영이 RSJ 동인을 통해 영감을 불어넣은 작업에서 나왔다. 어떻게 보면 밥 영은 우리 운동의 '버널'이었다고 할 수 있다.[48]

케임브리지의 국외자 버널과 영

이 둘을 나란히 놓고 보는 게 좀 이상해 보일지 모르지만, 두 사람의 삶에는 놀라울 정도로 비슷한 점이 많다. 아일랜드 출신인 버널과 미국에서 건너온 영은 모두 영국 사회, 좀더 정확하게는 잉글랜드 사회를 국외자의 시선으로 바라봤다. 두 사람들의 가족은 토지 귀족의 주변부에서 활동했다. 사실 밥은 텔레비전 시리즈 〈댈러스〉에 나올 법한 부유한 교외에 살면서 점잔 빼는 가난 속에서 성장했다. 두 사람

48 이 자리를 빌려 스티븐 로즈도 버널의 자리를 물려받은 정당한 후계자로서 일정한 자격을 갖추었다는 사실을 처음으로 인정하려 한다. 영하고는 다르게 로즈는 자연과학자였고, 버널주의 전통에 가지는 친화성도 좀더 컸다(이 전통을 무비판으로 수용하지는 않았지만). 또한 BSSRS의 창립 회원이고, 과학과 정치에 관해 왕성한 집필 활동을 했다. 그렇지만 다음 단락이 보여주는 것처럼 (내가 보기에) 버널의 카리스마, 지적 능력, 부단함, 삶과 심지어 정치에 관해 취한 아나키스트식 접근에 좀더 가까운 인물은 영이었다.

은 아들을 끔찍이 아끼는 어머니의 사랑을 듬뿍 받으며 자랐다. 종교가 유년기를 강하게 특징지은 반면, 과학과 의학은 시골이라는 성장 배경에서 벗어날 수 있는 길을 제시해줬다. 엘리트 대학에 다니면서 종교적 믿음을 벗어버리고 좀더 진보적인 철학적이고 정치적인 시야를 갖게 됐다(밥은 수영 선수로 장학금을 받아 예일 대학교에 갔다). 두 사람은 모두 프로이트의 사상과 정신분석학의 매력에 강하게 이끌렸는데, 영은 심리 치료사가 되고 싶어했을 정도다(결국 이 길을 택했다).[49] 아마도 역시 우연은 아니겠지만, 버널과 영은 매력적이고 사랑스럽고 재능이 넘치는 많은 여성을 매혹시켜 사랑에 빠졌고, 그 여성들하고 여러 차례에 걸쳐 가정을 꾸리고 30년이 넘는 기간 동안 여러 자녀를 가졌다.

두 사람은 케임브리지에서 학문적으로 이름을 날렸고, 자기 분야를 이끄는 인물이 되리라는 기대를 받았다. 버널도 영도 자신이 급진적이 될 것을 미처 예상하지 못했고, 이런 과정을 주도하지도 않았다. 그러나 두 사람은 시대 상황에 따라 재빨리 변화할 준비가 돼 있었다. 두 사람은 급진적 정치 활동이 최고조에 이른 때 런던으로 이주했는데, 여기에는 직업적 이유와 정치적 이유가 뒤섞여 있었다. 그리고 그곳에서 학문적으로 존경받는 행위의 경계 선상에서 또는 (영의 경우) 그 경계를 넘어 활동하게 됐다. 그 시점부터 두 사람은 이론적 작업뿐

49 버널의 프로이트주의는 1929년에 출간한 《세계, 육체, 악마》에서도 여전히 분명하게 드러난다. 버널은 학부생 시절에 자신의 프로이트주의와 공산주의에 관한 헌신을 연결시키기도 했다. 좌파 지식인은 자신이 속한 사회를 지배하는 신경증에서 자유롭지 않으며, 따라서 좀더 확실한 지도력을 갖추려면 심리학을 통해 자기 자신을 해방시켜야 한다는 게 버널의 생각이었다. 불행하게도 이런 통찰은 1930년대 초에 버널이 소련 마르크스주의를 열렬히 받아들이면서 사라지고 말았다. Steward, "Political formation," p. 46ff를 보라.

아니라 모범과 카리스마를 통해 각자가 속한 운동에 영향력을 행사했다.

물론 시기, 장소, 직업, 문화(영은 음악에 파묻혀 살다시피 했지만 버널은 음치였다), 그리고 정치 등에서 둘 사이에는 중요한 차이가 있었다. 그러나 영은 버널이 그랬듯이 자신을 각자의 운동에서 지도적 인물로 부각시킨 용기와 희생을 보여줬고, 운동의 퇴조기에는 정치적 또는 지적 주변화를 감수했다. 마지막 유사점 하나. 운동이 실패한 뒤에도 두 사람은 자기 작업을 계속했고, 새로운 방향으로 꾸준히 밀고 나갔다.

반항아가 운동의 대의를 찾다

1960년에 영국에 도착한 뒤 영의 경력은 세 가지 변주를 통해 진행됐다. 영이 처음으로 선보인 모습은 높은 평가를 받는 케임브리지의 과학사가이자 킹스 칼리지의 특별 연구원이었다. 밥의 '꼼꼼한 학술 연구'(이 말은 다른 사람의 연구에 관해 밥이 가장 즐겨 쓴 찬사 중 하나다)는 19세기 심리학에 관한 선구적 연구와 다윈 진화론의 지적 맥락, 그리고 진화론이 낳은 숱한 철학적 또는 정치적 파급 효과를 다룬 또 다른 선구적 연구에서 잘 드러났다.[50] 영은 또한 학문적 기업가이기도 했다. 앞서 말한 킹스 세미나를 공동으로 설립한 사실뿐 아니라 케임브리지 웰컴 의학사 센터를 설립해 성공을 거둔 사실에서 이

50 Robert M. Young, *Mind, Brain and Adaptation*, Oxford: The Clarendon Press, 1970; and New York: Oxford University Press, 1990과 Robert M. Young, *Darwin's Metaphor*, Cambridge: Cambridge University Press, 1985를 보라.

점을 확인할 수 있다. 이런 활동을 통해 영은 한 세대에 걸친 과학사가들을 끌어들이고 영감을 주고받을 수 있었다. 이런 활동은 영이 과학사 분야에 미친 가장 큰 영향 중 하나였다.[51]

스스로 급진화의 가장 초기 단계를 거치고 있을 때 영은 촉매, 심지어 복음 전파자의 구실을 자임했다. 영은 동료들에게 자신들이 하는 작업이 지닌 정치적 함의와 이제 막 열리고 있던 전도유망한 새로운 시각을 깨우쳐주는 일에 착수했다.[52] 이어 케임브리지의 학계 내부 정치에 환멸을 느끼고 정치 투쟁에 좀더 완벽하게 헌신해야 한다는 절박함에 사로잡힌 영은 1975년에 케임브리지와 학계 생활을 그만두고 전업 독립 학자-활동가가 됐다. 이 과정에서 자신의 재정, 경력, 그리고 학자뿐 아니라 떠오르는 미디어 스타로서 점점 높아지고 있던 명성을 모두 내걸었다.

그 뒤 10년 동안 영은 깨어 있는 시간 대부분을 RSJ와 거기에 연관된 활동에 쏟아부었다. 1970년대의 정치적 희망이 완전히 소진되자 영은 서서히 급진 과학 운동에서 물러나 심리 치료사로 다시 훈련받았고, 1990년대에는 셰필드 대학교의 심리 치료와 정신 의학 연구

51 영이 가르친 학생에는 칼 피글리오, 루드밀라 조르다노바, 로저 쿠터, 존 헤들리 브룩, 모린 맥닐, 로저 스미스, 피터 보울러, 존 포리스터, 에드워드 욕센 등이 있었다. Anna-K. Mayer, "A brief report on the BSHS Oral History Project: 'The History of Science in Britain, 1945-65'," *British Journal for the History of Science* 32, 1999, pp. 223~235 중에서 p. 231, ref. 45를 보라. 크리스토퍼 로렌스나 로이 포터, 그리고 나를 포함해 이 분야에서 연구하던 많은 다른 사람들에게 영은 큰 영향을 미쳤다.

52 이 시기에 영은 어찌 보면 지나치게 순진한 생각을 하고 있었다. 당시 쓴 논문에서 '나는 이 논문의 이전 판본들에 관해 몇몇 학자들이 극단적인 반응을 보이는 모습을 보고 놀랐다'고 언급한 대목은 이 점을 잘 보여준다. Young, "The historiographical and ideological contexts of the nineteenth-century debate on man's place in nature," p. 346, ref. 7을 보라. 밥이 한참 목소리를 높이고 있던 1971년쯤 에든버러에서 열린 한 세미나를 나는 생생하게 기억하고 있다. 이 세미나에서 영은 남성 학자들의 연구 성과와 그 사람들의 가정생활 사이의 관계를 얘기하면서 보통 잘 흥분하지 않는 배리 반스를 격분시켰고, 분을 참지 못한 배리가 세미나 자리를 박차고 나가버렸다.

교수로, 그리고 필연적인 일이겠지만 자신이 선택한 새로운 분야에서 손꼽히는 이단적 논평가로 등장했다.[53]

지적 발전과 문체

자본주의 과학에 관한 영의 마르크스주의적 시각을 살펴보기에 앞서, 영의 사회사상이 밟은 단계, 원천, 문체를 간략히 알아보자. 1960년대에서 1980년대 사이에 영은 사고의 진화 과정에서 상당히 뚜렷하게 구분되는 세 단계를 거쳤다. 첫째 단계(1969~1973년 무렵)는 '탐색' 기간으로, 이 시기에 영은 최종 단계에 접어든 다윈 연구를 마르크스주의 이론의 잠재력에 관한 점점 날카롭고 폭넓은 논평들과 한데 엮어 동료 역사가들의 패러다임을 확장하고 심지어는 날려버리려 한 듯하다.[54] 둘째 단계는 자유주의적 과거와 단호하게 결별하고 좀더 '급진 자유주의적' 단절을 한 시기(1973~1977년 무렵)다. 영은 급진화된 과학자, 과학에 관한 사회적 분석가, 그밖의 다른 활동가들이 우리의 정치뿐 아니라 우리 삶의 모든 측면에 관해 좀더 예시豫示적인 접근을 받아들일 필요성을 강조했다.[55] 1978년에서 1980년대 초 사이에 영과 RSJ 동인의 나머지 사람들은 급진 과학의 이론과 실천에 근거를 제

53 심리학과 심리 치료에 관한 영의 포괄적인 저술 목록은 www.psychoanalysis-and-therapy.com과 www.human-nature.com을 참조하라.

54 Young, "Evolutionary biology and ideology"는 이 시기 저작의 성격을 잘 보여주는 사례다.

55 가장 유명한 것으로 Robert Young, "Science *is* social relations," *Radical Science Journal* 5, 1977, pp. 65~129를 보라. 이 논문은 www.human-nature.com에서 볼 수 있다(2006년 1월 16일 접속). 이 논문의 '과잉 성찰성'에 관한 비판적 논평은 Aant Elzinga, "Bernalism, Comintern and the science of science," in Jan Annerstedt and Andrew Jamison(eds.), *From Research Policy to Social Intelligence: Essays for Stevan Dedijer*, London: Macmillan, 1988, pp. 87~113, 특히 p. 109ff를 보라.

공하고 심화하기 위해 '노동 과정'의 관점을 받아들이고 적용했다.[56]

이 시기 전체를 통틀어 영의 사상적 원천은 스스로 작성한 방대한 각주와 상세한 참고 문헌에 잘 나타나 있다. 목록은 고전 문헌과 마르크스주의(와 RSJ 동인)의 이단적 주장에서 폭넓은 역사 연구와 사회 이론(특히 심리학에 관련된)에 이르기까지 다양했다. 영은 내가 일찍이 알고 있던 어느 누구보다 더 많은 책과 자료를 섭렵한 열성적인 독자이자 지적 잡식 동물이었다.

이렇게 풍부한 지적 원천에서 나온 이론적 결과물은 쉽게 무시될 수 있는 게 아니었다. 종종 고도로 난해한 주제를 다룬 사상가이자 작가로서, 영은 독자가 자신의 논의를 좇아오려고 열심히 노력하게 만들만큼 글을 명료하고 읽기 즐겁게 쓰는 재능을 갖고 있었다. 그런가 하면 개인적으로 약점과 혼란을 드러냄으로써 상대방을 편안하게 만들거나 사람에 따라서는 성가시게 할 수도 있었고, 함께 '행동에 나서자'고 독자들에게 촉구할 때는 윽박지르는 태도를 보일 수도 있었다. 그러나 좀더 깊은 수준에서 영의 문체를 보여주는 징표는 어떻게 하면 세상/우리 자신을 더 잘 이해함으로써 세상/우리 자신을 더 나은 방향으로 바꿔낼 수 있는지를 놓고 자신, 연구 자료, 독자 사이에서 끝없는 대화를 이어 가는 모습이었다. 영이 쓴 글은 거의 늘 미완성이고 끝이 열려 있으며, 결론이 없지는 않지만 결코 고정돼 있지 않은 것으로 제시됐다. 명확한 답과 분명한 근거를 찾는 사람들에게 이런 접근법은 좌절감을 줄 가능성이 높았다. 그러나 영은 비판적 태도

56 핵심 텍스트는 Radical Science Journal Collective, "Science, technology, medicine and the socialist movement"이다.

를 취하고 중요한 주제들을 함께 사고해 아무리 잠정적인 것이더라도 더 나은 결론을 얻어낼 필요가 있다고 다른 사람들을 설득하는 일을 어느 누구보다 더 잘할 수 있었다.

이론적 초점

이 모든 단서 조항들이 있기는 하지만 우리는 영이 개인적인 차원이나 RSJ 동인의 일원으로서 무엇을 비판하고 포기했으며, 뒤이어 자본주의의 과학, 기술, 의학에 관한 사회 이론에서 무엇을 옹호하고 또 받아들였는지를 여전히 일반화할 수 있다. 영이 가장 큰 관심을 가진 문제는 과학, 기술, 의학의 재구조화를 통한 자본의 재정비와, 여기에 상응하는 과학 전문성의 이데올로기(이런 변화에 맞선 민주적 반대를 무위로 돌리는 데 쓰인다)에 관련돼 있었다.

1981년 무렵이 되면 극소 전자공학과 통신 기술, 생명 공학, 생식 의학과 재생 의학이 발전하면서 삶의 모든 영역에서 사회관계를 변화시키고 경계를 다시 획정하고 있다는 사실이 RSJ 사람들에게 분명해졌다. 이렇게 기술의 도움을 얻은 재구성의 목표는 부분적으로 작업장에서 감시, 작업 속도, 탈숙련화, 실질적 종속, 정리 해고를 증가시키는 것이었다. 아울러 정부와 기업에서 자금을 지원한 학술 연구는 모두 이런 신기술을 떠받치는 과학에 관한 연구로 엄격하게 제한되거나 방향이 다시 정해지고 있었다. RSJ 동인이 이런 재구조화에서 끌어낸 결론은 이러했다.[57]

57 Ibid.

- '과학이 설사 '상대적으로 자율적'인 적이 있었다 해도 그런 자율성은 극적으로 감소하고 있다. 매개의 연쇄에서 연결 고리들이 점점 줄어들고 있고, 달리 말하면 자본은 상대적인 학문적 자유의 영역에 점점 더 협소한 한계를 설정하고 있다.' 10년 전인 1971년만 해도 과학자 공동체를 당황하게 만든 고객-계약자 원칙이 지금은 손쉽게 받아들여지고 있다.
- 계급 투쟁의 장소는 자본이 제 나름의 게임의 규칙을 신기술(특히 극소 전자공학)에 강제하는 능력에 문제를 제기하는 쪽으로 확장돼야 한다.
- 이런 단계가 갖는 새로움은 과학기술에 관한 자본의 침투 정도, 그리고 이런 새로운 힘들이 자본주의 지배를 강화할 수 있는 잠재력에서 찾아볼 수 있다.

이런 발전들을 이해하고 여기에 맞서 싸우려는 노력을 기울이면서, 영과 동료들은 이용/오용 모델, 외적 접근/내적 접근 담론, 과학/이데올로기 구분 또는 과학 지식의 '진리성'이나 '객관성'에 관한 끝없는 인식론적 다툼들이 도움이 되지 **못한다**는 사실을 알게 됐다. 영이 한 주장에 따르면, 한편으로 이것은 '과학의 그릇된 자의식이 의지하고 있는 많은 구분들(예를 들어 사실과 가치, 실체와 맥락, 과학과 사회, 발견의 맥락과 정당화의 맥락 사이의 구분)을 침투 가능하고 상호 작용하는 것으로 봐야 함'을 의미했다. 왜 그래야 하는가? 간단히 말해 '모든 사실은 이론에 의존'하고, 모든 이론은 가치에 의존하며, 모든 가치는 사실, 이론, 우선순위, 수용 가능한 과학적 발견으로 간주되는 것에 스며들어 이것을 구성하는 세계관 또는 이데올로기에서

나오기 때문이다.[58]

다른 한편으로 영과 그 동료들은 가치 중립적 과학이라는 부르주아 이데올로기의 문제점을 잘 알고 있었고 STM은 자본주의적 가치와 사회관계를 통해 구성된 것으로 봐야 한다고 생각했지만, 잘 수행된 과학 연구의 인지적 가치를 의심하는 데까지 나아가지는 않았다. '우리는 과학의 발견과 이론들이 진실하고 유효하다는 것을 한 번도 의심한 적이 없다'는 게 RSJ 동인의 순진할 정도로 직설적인 태도였다.[59] 대신 영과 동료들은 '지식의 내용, 지식의 사회적 관계, 그리고 지식이 매개하는 사회관계를 …… 단일한 설명의 일부로' 다뤘다.[60]

마르크스주의적 뿌리

이런 설명의 기반이자 **출발점**은 다음 같은 주요 요소로 구성된 영과 RSJ의 분석 틀이었다. 첫째, 자본주의의 역사적 발전에 관한 고전 마르크스주의의 관점. 둘째, 이 관점을 서로 다른 사회관계들(인간과 자연의 관계 포함) 내부와 그 사이의 매개에 관한 네오마르크스주의 이론으로 보완. 셋째, 마르크스의 노동 과정에 관한 관점을 확장해 모든 형태의 STM 실천과 그 실천이 담지한 가치들을 분석. 넷째, 사회주의 사회를 예시하고 앞당기는 일관된 삶을 살라는 명령. 다섯째, 이런 분석 틀에서 앞으로 10년 동안 중요한 이론적이고 실천적인 작업을 이끌 수 있는 의제를 도출. 여기서는 이런 요소들 각각이 영과 RSJ

58 Young, "Marxism and the history of science."

59 Radical Science Journal Collective, "Science, technology, medicine and the socialist movement."

60 Young, *Darwin's Metaphor*, pp. ix~xvii, 인용은 p. xiv.

에 무엇을 의미했는지 간략하게 살펴보자.

영은 1990년에 이렇게 주장했다. "과학사에 관한 마르크스주의 접근법을 정의하는 특징은 과학의 아이디어, 연구 우선순위, 자연의 개념, 발견의 변수들을 아우르는 역사가 모두 **최종적으로는** 사회적이고 경제적인 역사적 힘에 뿌리를 두고 있다는 것이다."[61] 이런 역사관은 '사람들 …… 과 노동 …… 이 계급, 생산양식, 그리고 개념 그 자체의 역사성과 함께 가장 기본적인 개념을 구성하는' 마르크스의 존재론에 뿌리를 두고 있다. '다시 말해 실재에 관한 마르크스주의의 가장 기본적인 정의는 인간의 노력에 초점을 맞춘다. 노동은 자연도 역사도 아니며, 이것들이 엮여 만드는 그물망이다.'[62] 이런 존재론에서 다음 사항들이 도출된다.

- 역사는 기술의 원동력이다.
- 기술은 인공물 속에 가치가 체현된 것이다.
- 자연은 역사적 범주다.
- 자연과학도 역사적 범주이자 인간관계이며, 객관성 역시 그렇다.

61 Young, "Marxism and the history of science." 마르크스의 원전 인용을 선호하는 사람들은 아래를 참조하라. '자연과학들은 엄청난 활동을 전개해 왔으며 끊임없이 증대하는 재료를 자기화해 왔다. 그럼에도 불구하고 철학은, 자연과학이 철학에 대해 낯선 상태로 있어 왔던 것과 꼭 마찬가지로 자연과학에 대해 낯선 상태로 있어 왔다. …… 역사 서술마저도 자연과학을 계몽의 계기, 유용성의 계기, 몇몇 커다란 발견들의 계기로서 단지 부수적으로만 고려하고 있다. 그러나 그럴수록 자연과학은 산업을 매개로 하여 더욱 더 **실천적으로** 인간 생활에 관여하였고 그것을 변모시켰다. …… 산업은 인간에 대한 자연의, 따라서 인간에 대한 자연과학의 **현실적인** 역사적 관계이다. 따라서 산업이 인간의 본질적 힘들의 공교적 제막으로서 파악된다면 …… 자연과학은 …… 관념론적 성향을 상실하고, 마치 그것이 이제 이미 — 비록 소외된 모습으로라도 — 현실적인 인간 생활의 토대로 되어 있는 것과 마찬가지로 **인간적** 과학의 토대로 될 것이다'(Karl Marx, *Economic and Philosophical Manuscripts of 1844*, Moscow: Foreign Languages, 1961, pp. 110~111, 강조는 수정). (최인호 옮김, 《1844년의 경제학 철학 초고》, 박종철출판사, 1991)

62 Young, *Is Nature a Labour Process?*, 강조는 필자.

영이 말하는 이런 분석 틀이 지닌 특성을 들어보자.

과학과 기술, 순수와 응용, 학문과 산업 사이의 이분법을 세우지 않는다. 단지 매개의 정도로, 곧 사회가 연구 개발에서 자신들이 세운 목적의 우선순위를 정하고 수행하는 방식의 각기 다른 정도로 취급할 뿐이다. 이것들이 매우 밀접히 연결돼 있다는 것은 언제나 참이었다.

STM은 자연 속에 들어 있는 것을 '발견'하는 행위가 아니라 인간 노동의 '창조물'과 '발명'을 통해 진보가 일어나며, 여기서 인간 노동의 기원, 우선순위 설정, 적용은 당대에 우세한 사회관계와 힘들, 곧 지배적 가치에 따라 좌우되는 동시에 이것을 매개한다. 따라서 '물질, 정신, 생명, 동물 행동, 사회에 관한 과학'은 '가치 체계의 자연화의 계기들'로 간주할 수 있다.

노동 과정의 관점

해리 브레이버맨의 저작[63]을 통해 영미 마르크스주의에 다시 도입된 노동 과정에 관한 마르크스주의적 개념은 영을 비롯한 동료들이 '과학적 실천 안팎에서 사회관계의 구조화에 관해 좀더 체계적으로 논의

63 Harry Braverman, *Labor and Monopoly Capital: The Degradation of Work in the Twentieth Century*, New York and London: Monthly Review Press, 1974(이한주·강남훈 옮김, 《노동과 독점자본》, 까치, 1987). 또한 Donald MacKenzie, "Marx and the machine," in Donald MacKenzie(ed.), *Knowing Machines: Essays on Technical Change*, Cambridge, MA: MIT Press, 1998, pp. 23~47(송성수 편역, 《우리에게 기술이란 무엇인가》,녹두, 1995, pp. 68~108)과 Robert M. Young, "Braverman's *Labour and Monopoly Capital*," *Radical Science Journal* 1, 1974, pp. 81~93도 보라. 이 논문은 www.human-nature.com에서 볼 수 있다(2006년 1월 16일 접속).

할' 수 있게 해줬다.[64] 먼저 STM의 실천은 가치 의존적인 노동 과정으로 볼 수 있다.

> 다른 노동 과정들처럼 과학적 실천은 원재료, 생산수단, 목적의식적 행동으로 구성되는데, 이것은 모두 모종의 사용가치를 창조해내기 위해 조직된다. …… 원재료는 화학 물질이나 정보나 혈액 등이 될 수 있고, 생산수단은 초원심 분리기나 컴퓨터나 인공 신장 등이 될 수 있으며, 목적의식적 행동은 아미노산의 서열 분석이나 기체機體의 응력 계산이나 혈액 순환의 경로 변경을 통한 외부 투석이 될 수 있고, 사용가치는 인슐린의 구조 규명이나 최소 비용의 기체 생산이나 환자의 생명 유지 등이 될 수 있다. 사용가치는 각각 분자 모델과 과학 논문, '컴퓨터 원용' 설계, 정제된 혈액의 흐름 속에 체현돼 있다. 이런 사례에서 노동 과정 접근법은 가치가 실천에 내재해 있고 실천의 조직과 결과물의 고유한 본질을 구성한다는 사실을 받아들인다.

STM의 노동 과정이 상세히 분석돼 이해되고 나면, STM을 에워싸고 있고 또 STM이 봉사하는 사회관계와 연결시키는 일은 좀더 쉬워질 것이다.

> 우리는 이것이 과학을 역사 속에서 해석하는 모든 가능한 방법들 중 지적으로 가장 엄격하며 가장 폭넓은 선동적 잠재력을 가진 방법이라고 생각한다. 노동 과정 분석은 자본주의 사회의 생산관계에 관한

64 Radical Science Journal Collective, "Science, technology, medicine and the socialist movement."

상세하고 구체적인 검토를 요구한다. 독점 자본주의의 생산력에서 과학이 차지하고 있는 중심적 지위는 해명될 필요가 있다. …… 현재의 자본주의에서 왜 지적 노동의 형태들이 그토록 중심적인 지위를 차지하고 있는가? …… 이런 질문을 진지하게 추구하면 …… 개념적 생산이 지배적 양식으로 부상한 것은 자본주의의 전반적 형태 안에서 새로운 생산관계를 암시한다는 결론에 이르게 된다.

동시에 노동 과정의 관점은 STM의 개념과 이론 생산에 적용될 수 있다.

이제 이론적 개념의 생산에 관한 철저하게 역사적이면서 유물론적인 접근이 노동 과정 이론의 전반적 분석 틀 속에서 가능해졌다고 판단된다. 이런 변화는 전반적 수준에서 '생산 일반'에 관한 마르크스주의적 분석에 상응한다. …… 지식의 생산은 물리적 현상의 생산 과정과 나란히, 그것을 통해 진행된다. …… 이런 장치를 통해 개념적 대상은 개념적 생산물로 탈바꿈한다. …… 우리는 이런 생산이 어떻게 노동 분업 속에서 실천의 위치를 통해, 물질적 생산수단을 통해, 임금 노동을 통해, 상품 비밀주의(특허, 기밀 유지)를 통해, 책이라는 상품을 통해 물질적으로 구성되는지를 이해할 필요가 있다. …… 실천은 인식론의 함정을 우회하는 마르크스주의적 분석 경로의 토대를 구성한다.

정치의 개인화

영이 내세운 급진 자유주의적 마르크스주의의 실존적 함의는 영의 저작 중 가장 도발적인 논문이라고 할 수 있는 〈과학은 사회관계**이다**〉에서 처음 제시됐다.[65] 영은 이런 선동으로 글을 시작한다.

> 이제 이론과 실천에서 모두 앞으로 나아갈 때가 됐다. …… 우리의 이론과 우리의 삶이 사회주의를 향한 투쟁을 표현하고 그 과정에서 새로운 사회 질서를 예시할 때가 됐다. 우리는 이미 대항문화와 대안 기술을 갖고 있(거나 적어도 선포했)다. 이제 대항 실재와 대안적 우주론의 건설에 나서야 한다. 사회주의 사회로 가는 한 방편으로서 사회주의적 삶을 향해 나아가려는 시도에 근거한 사회주의 이론만이 사회주의 과학을 만들어낼 수 있다.

이런 요구가 무엇을 함축하는지 의문을 품은 사람이 있을 경우를 대비해 밥은 이렇게 결론을 내렸다.

> 우리가 읽고 조직하는 등의 활동이 삶의 가장 내밀한 측면들에 다시 적용되기 전까지, 우리가 진정한 변화를 나타내는 두려움과 흥분이 뒤섞인 채로 움직이기 전까지, 우리는 단지 젠체하며 방귀만 뀌고 있는 것에 지나지 않는다. 뒤로 물러날 수 있는 길을 스스로 끊어버리는 구속력 있는 조치들을 취하는 게 대단히 중요해지고 있다. …… 결국에 가서 우리는 설사 돌아오고 싶더라도 사람들이 우리를 다시 받아들이지 않도록 확실하게 해야만 한다.

65 Young, "Science *is* social relations."

이런 도전을 받아들인 사람이라면 통상적인 생활 방식과 경력으로 되돌아갈 위험은 거의 없었다. 지금 와서 돌이켜보면 예시적 정치의 기술과 지속 가능한 실천은 자신의 삶에 난 균열에서 생기는 참을 수 없는 압박에서 언제 물러날지 유연하게 판단을 내리는 것뿐 아니라, 삶의 신념들 중 어떤 측면은 재구조화를 하기에 무르익었고 어떤 측면은 그대로 내버려둬야 하는지 분명히 하는 것에도 의지하고 있었다. 적어도 뒤의 측면에서 보면 노동 과정의 관점은 좀더 사회주의적인 삶과 실천을 이끌어내는 전략과 전술의 발전을 위해 유용한 분석적 개념 틀이 될 수 있었다. 1980년대 초에 급진 과학 운동이 다른 사건들에 압도되지만 않았다면 말이다. 그러나 영을 비롯해 RSJ 동인을 함께한 모든 사람들에게 한 가지 점만은 결코 타협할 수 없었다. 우리의 지적 노력이 경력 때문이 아니라 사회주의를 앞당기려는 의도에서 당파성과 이데올로기에 따라 명시적으로 추동된 사실 말이다.

물론 우리는 그중 어느 쪽도 달성하지 못했다. 그러나 우리들 사이에는 일정하게 정당한 자부심이 있었다는 게 내 생각이다. 우리의 결과물은 일반적인 STS 학자들에 견줘 지적 엄밀성에서 결코 뒤떨어지지 않았(으며 그 학자들보다 더 이데올로기적이지도 않았)다. 우리는 우리 자신의 '과학'과 정치/이데올로기가 결코 분리할 수 없는 것이라는 점을 인정하면서, 우리가 해낸 기여의 진리성과 유용성을 추론의 설득력, 학술 연구의 꼼꼼함, 이론에 의존하는 우리의 작업에서 끌어낼 수 있는 역사적, 사회적, 정치적 통찰이라는 잣대로 기꺼이 평가받으려 했다.

새로운 의제

이렇게 점차 자신감으로 충만한 이론적 시각을 출발점으로 삼은 영이 이 시각을 적용할 수 있는 지적이고 선동적인 쓰임새에 흥분한 것은 당연한 일이었다. 여기에서 '설명의 근원을 노동과 노동 과정에 두고, 개념들을 역사적으로 취급하고, 연결과 접합 지점을 최대한 탐구하고, 인과성의 화살은 존재에서 의식으로 향한다는 점을 늘 염두할' 필요성을 강조하는 명료한 연구 방법론이 등장했다.[66]

이론적 개념을 세련되게 만들 필요성, 특히 사회적 또는 지적 매개에 관한 좀더 섬세한 이해를 발전시킬 필요성을 줄곧 제기한 것 말고도, 영은 1977년에 다음 같은 주제들에 더 많은 노력을 투입했으면 하는 바람을 내비쳤다.

- 17세기 이후부터 오늘날까지 과학을 사회적 관계로 그려내는 좀더 상세한 과학사 연구
- 톱니바퀴와 뮬 방적기와 제니 방적기의 역사가 아니라 선택과 사회적 실천의 역사로 기술사를 다시 개념화하기[67]
- 통상적인 STS와 그밖의 학술 연구 중 이론적 통찰과 선동적 쓰임새에서 최고의 것들을 가려 뽑기
- 모든 급진적 비판, 그중에서도 특히 RSJ가 제기한 비판들에 관한 좀더 면밀한 검토(브레이버맨의 저작처럼 이것이 새로운 과학적 정통으로 굳어지지 않도록)

66 Young, "Marxism and the history of science."

67 Young, "Science *is* social relations."

여기서도 후기의 노동 과정 관점은 과학이 갖는 문화적 사용가치에 대한 좀더 주의 깊은 검토를 포함해서 이 목록에 다른 주제들을 더할 수 있었을 것이다. 노동 과정 관점은 또한 급진 과학 운동이 선동 활동에서 성공을 거둘 수 있는 방법에 관한 통찰을 제공한다고 약속했다. 사회적으로 파괴적이고 통제를 목적으로 하는 기술의 응용에 그저 반대하는 투쟁뿐 아니라 기술이 생겨나는 시점에서 이런 혁신에 도전하는 시도를 통해서 말이다.

새로운 과학 좌파의 선동과 이론 작업(RSJ는 그중에서 작은 부분을 차지했을 뿐이다)은 역사적 맥락 속에서 이해되고 평가돼야 한다.[68] 운동에 내포된 아이디어와 계획 중 일부가 이론적 연결점과 정치적 비판은 떨어져 나간 채로 그 뒤 주류 STS와 과학 정책가들 속으로 이동했지만, 25년 전에는 그런 아이디어와 계획을 학술적 의제나 정치적 의제에서 거의 찾아볼 수 없었다. 아울러 RSJ 프로그램은 이론과 선동 작업을 위해 좀더 적절하게 이론화되고 엄격하게 적용된 분석 틀에서 서론에 불과했다는 점을 인식하는 것도 중요하다. 그런 분석 틀은 결국 실현되지 못했다. 이제 이 운동이 1980년대에 그토록 급격히 궤멸과 다름없이 중단되는 사태를 맞게 된 이유를 이해하는 아주 중요한 과제가 남았다.

68 RSJ 내부와 주위에서 나온 다른 지적 결실의 사례로는 David Albury and Joseph Schwartz, *Partial Progress: The Politics of Science and Technology*, London: Pluto, 1982; David Dickson, *The New Politics of Science*, New York: Pantheon Books, 1984; Werskey, *The Visible College*; Edward Yoxen, *The Gene Business: Who Should Control Biotechnology?*, London and Sydney: Free Association, 1983이 있다. 그 뒤에 나온 STS의 정전(正典)들 중에서 이런 전통에 크게 의지한 몇 안 되는 사례 중 하나는 Donna Haraway, *Primate Visions: Gender, Race, and Nature in the World of Modern Science*, London and New York: Routledge, 1989이다.

결산

급진 과학 운동은 영국의 다른 좌파들처럼 1980년대 들어 대처주의라는 정치적 프리즘을 통해 거칠게 굴절된 중대한 지정학적, 경제적, 문화적 변화의 전지구적 쓰나미에 떠밀려 완전히 혼란 속으로 내던져졌다.

이런 자본주의 세계 경제의 변화는 기술-과학적 전문성과 혁신을 강력하게 형성하는 동시에 그런 전문성과 혁신을 통해 추동됐다. 그러나 이런 재구조화가 학문적 과학과 주류 STS에 미친 영향은 좋기도 하고 나쁘기도 한 것으로 드러났다. 또한 심지어 미국에서는 '과학 전쟁'을 불러오기도 했는데, 그 속에서 영국의 몇몇 과학사가와 과학 사회학자들이 두드러지게 모습을 드러냈다. RSJ 동인이 예견한 자본주의 과학의 지각 변화가 이제 그 운동(과 학술지)의 해체에 일조한 사실에는 작은 역설 이상의 무엇이 담겨 있다.

신자유주의적 세계?

1968년 이전까지 전지구적 자본주의가 보여준 상대적 안정성과 그때 이후로 점차 고조된 경제적 변덕과 정치적 불안정성 사이의 대조는 실로 놀랄 만하다. 이런 사실은 미국의 국제적 헤게모니가 유지되고 있는 동안에 나타났다는 점에서 더욱 놀랍다. 1989년 소련의 붕괴는 세계의 많은 지역에서 정치적 불확실성의 증대와 민족주의 투쟁의 증가로 이어졌다. 중국이 '사회주의 시장 경제'로 변모하면서 전지구적 경제 통합이 속도를 더했고, 권력의 중심이 아시아로 이동했으며, '현실 사회주의' 시대가 종언을 맞았다.[69]

미국의 다국적 기업들이 이끄는 국제 자본은 국제적 노동 분업, 생산, 유통과 함께 이 과정을 지탱하는 노동 과정도 재구조화했다. 민간과 공공을 가리지 않고 은행과 금융 시스템도 세계화돼 세계 경제의 통합에 기여했다. 미국과 영국의 부활한 신자유주의와 자본주의의 가장 강력한 부문들이 내건 요구가 모두 반영된 세계화의 규칙들은 자본의 흐름을 자유롭게 만들었지만, 국가 주권의 약화와 여기에 못지않은 경제적 안정성의 상실을 대가로 했다.

점점 속도가 빨라지는 물질적 생산의 전지구적 변화, 계급 간 불평등과 지역 간 불평등의 확대, 미래의 불확실성의 증가는 한때 자본주의 사회에서 질서와 정당성의 유지에 필수적인 것으로 여겨지던 많은 사회적 재생산 형태들을 불안정하게 만드는 데도 기여했다. 여기에는 가족, 기성 종교, 심지어 과학과 진보를 향한 믿음도 포함됐다. 에릭 홉스봄은 뒤의 '탈근대주의' 경향이 지닌 의미를 이렇게 분석했다.

69 아울러 중국의 발전은 프롤레타리아와 과학 전문가라는 '두 다리'로 다시 걷는 과학의 가능성을 좌절시켰다. 이미 1977년에 덩샤오핑이 설명했듯이 "근대화 달성의 열쇠는 과학기술의 발전에 있다. …… 공허한 말로는 우리의 근대화 계획이 성과를 거두지 못할 것이다. 우리는 지식과 전문 인력을 가져야 한다. …… 지금 중국은 과학, 기술, 교육의 측면에서 선진국에 꼬박 20년은 뒤진 것으로 보인다. …… 메이지 유신은 부상하는 일본 부르주아가 떠맡은 일종의 대규모 근대화 운동이었다. 우리는 프롤레타리아로서 더 잘해내야 하고 더 잘할 수 있다"(Deng, "Respect knowledge, respect trained personnel"를 Hobsbawm, *The Age of Extremes*, p. 461에서 재인용).

> 자유주의적 자본주의와 공산주의가 공유하던 합리주의적, 인본주의적 가정의 …… 위기였다. 그런 가정은 그 가정을 거부한 파시즘에 맞선 자본주의와 공산주의의 짧으나마 결정적으로 중요한 동맹을 가능하게 했다. …… 인류에게 이득을 줬다는 주장의 유일한 근거가 과학기술에 기초한 물질적 진보의 거대한 승리이던 시대는 역설적이게도, 서구에서 사상가를 자임하는 사람들과 여론 집단의 상당수가 그런 승리를 거부하는 사태로 끝났다.[70]

마치 마르크스와 엥겔스가 《공산당 선언》에서 예견했듯이 전지구적 자본주의가 이제 모든 고정된 신념과 가치들을 해체하는 자신의 혁명적 구실을 더욱 격렬하게 수행하고 있는 것처럼 보인다. 심지어 자본주의가 한때 그토록 열성적으로 끌어안았고 여전히 필요로 하는 듯한 신념과 가치들마저 해체하면서 말이다.

과학 전쟁

이제 위협을 받게 된 믿음들 중에는 과학의 가치 중립성과 사회적 자율성에 관련된 냉전 시기의 이데올로기도 있었다. 그러나 언뜻 과학에 관한 신뢰의 위기로 보이는 이런 현상은 지배 계급의 음모가 아니라 분명 의도하지 않은 결과 또는 '모순'이었다. STM이 교환가치의 생산에 훨씬 더 철저하게 종속되고 매개되지 않은 '생산력'으로 더 큰 존재감을 드러내고, 그 결과 점차 공공연하게 정치화되는 데 따른 결과였

70 Hobsbawm, *The Age of Extremes*, p. 11.

다는 말이다.

진화론 교육에 맞선 창조론의 도전이라는 형태든 유전자 재조합 식품 생산에 관한 환경 운동가와 농부들의 두려움이라는 형태든 간에, 과학의 권위에 관한 이런 문제 제기가 STM의 많은 지도자들을 괴롭힌 것은 이해할 만한 일이다. 그 사람들은 종종 이런 항의가 '훌륭한' 과학을 향한 대중의 존중과 이해력 결핍을 보여주는 사례라고 봤다. 그중 몇몇은 심지어 과학 지식과 연구의 가치와 이득을 시민들에게 다시 교육시키는 캠페인에서 STS 학자들의 지원과 전문적 조언에 의지할 수 있으리라는 기대를 품기도 했다.

기대는 보기 좋게 어긋났다. 대신 이 과학자들은 유럽의 몇몇 과학사회학자와 과학사가들 사이에 과학을 사회적으로 자율적인 탐구 형태로 보는 쿤과 과학자들의 견해가 타당한지 중대한 의문을 제기하는 훌륭한 연구들이 많이 있다는 사실을 알게 됐다. 몇몇 과학자들은 STS의 '사회 구성주의자'들이 '고등 미신'에 맞서는 싸움에서 동맹군이기는커녕, 과학의 정당성과 권위를 침식하는 사악한 음모에서 페미니스트 학자들과 탈근대주의 영문학 교수들로 구성된 학계 좌파와 손을 맞잡고 있다는 확신을 키웠다.[71]

그 결과로 터져 나온 '과학 전쟁'에서 가장 흥미로운 점은 이 논쟁이 너무 많은 시선을 다른 곳으로 돌려 오늘날 STM의 더럽혀진 이미지와 약화된 권위를 낳은 좀더 심층적인 원인을 보지 못하게 만든 사

71 이런 맥락에서 1990년대 중반에 터져 나온 '과학 전쟁'의 주요 사건과 쟁점들을 살펴보려면 홍성욱, 〈누가 과학을 두려워하는가〉, 《생산력과 문화로서의 과학기술》(문학과지성사, 1999), 68~126쪽을 보라 — 옮긴이.

실이다.[72] 불만을 품은 과학자들이 대중의 무지나 특정 STS 전문가들의 학문적 과학 '왜곡'을 탓하는 대신, 이른바 '황금기'와 그 뒤 시기에 자신들이 속한 과학과 전문직이 얼마나 철저하게 자본주의적 사회관계 속에 뒤얽히게 됐는지, 그래서 왜 비판적 비과학자들이 STM의 정치적 중립성과 가치 중립성에 훨씬 더 회의적인 태도를 보이게 됐는지를 생각해봤다면 더 낫지 않았을까.[73] 쿤에게서 볼 수 있는 플라톤의 이중 진리는 과학이 점차 공격적이고 자신만만한 사회적 재구성을 겪고 있는 상황에서는 더는 유지될 수 없었다.

대처의 혁명과 유산

1980년대에 대부분의 사회 제도들(STM을 포함해서)을 완전히 뜯어고쳐야 한다는 주장을 가장 자신만만하게 공격적으로 펼친 인물은 물론 영국의 마거릿 대처였다. 애도하는 어조를 띤 애넌 경의 표현을 빌리자면, 대처는 '우리 시대의 삶의 전망'을 거부했다.[74] 영국 정부가 전후에 제시한 과학이 주도하는 경제와 문화의 르네상스라는 합의에 관해 (심지어 윌슨 시절부터) 의심이 커지고 있기는 했지만,[75] 이런 전

72 과학 전쟁에서 중요한 텍스트 둘을 꼽자면 Paul R. Gross and Norman Levitt, *Higher Superstition: The Academic Left and its Quarrels with Science*, Baltimore: Johns Hopkins University Press, 1994와 James Robert Brown, *Who Rules in Science? An Opinionated Guide to the Wars*, Cambridge, MA: Harvard University Press, 2001 and 2004를 들 수 있다. 또한 Philip Kitcher, *Science, Truth, and Democracy*, Oxford and New York: Oxford University Press, 2001과 Stephen Turner, "The third science war," *Social Studies of Science* 33(4), 2003, pp. 581~611을 볼 것.

73 Christopher Hamlin, "Just don't call it science," *Minerva* 46(1), 2008, pp. 99~116을 보라.

74 Annan, *Our Age*, p. 424.

75 David Edgerton, "Science and the nation: towards new histories of twentieth-century Britain," *Historical Research* 78(199), 2005, pp. 96~112.

통과 결정적으로 단절한 사람은 대처였다.[76]

대처는 '사회 공학'과 전문직(의료 포함)에 깊은 회의를 품고 있었다. 대처가 추진한, 사영화와 규제 완화가 뒤섞인 산업의 탈국유화는 연구 분야의 추가적인 탈국유화와 나란히 진행됐다. 대처의 자문 위원들은 과학을 계획하는 데 적대적이었지만, 역설적이게도 대처 시기에는 대학에 관한 통제가 빠르게 중앙 집중됐고 국가가 지원하는 연구에 관한 중앙 통제도 강화됐다. 목적은 비용을 절감하고 문화를 바꾸는 데 있었고, 이 점에서 대처는 성공을 거뒀다. 공공 서비스와 국가 주도의 발전이라는 오래된 확실성은 기업가, 경영자, 경영 컨설턴트의 유행에 자리를 내줬고, 이 사람들은 민간 부문뿐 아니라 공공 부문에서도 계속 존재감을 과시했다. 대학의 연구에 국가의 지원은 여전히 매우 중요했고, 국민 보건 서비스NHS[77]의 인기 때문에 사보험으로 가는 중대한 조치는 취해지지 않았지만, 거추장스러운 외부 평가 기제가 대학에 부과됐고 NHS에는 '내부 시장'이 도입됐다.[78]

대처 이후 이런 경향들은 역전되기는커녕 오히려 더 심해졌고, 영국은 '유럽 대부분의 지역에 견줘 사영화, 시장화, 규제 완화, 국제화, 세계화가 과학, 기술, 의학의 구조와 과정을 훨씬 더 중대하게 변화시킨' 나라가 됐다.[79]

76 D. E. H. Edgerton and K. S. Hughes, "The poverty of science: a critical analysis of scientific and industrial policy under Mrs Thatcher," *Public Administration* 67, 1989, pp. 419~433.
77 National Health Service. 전 국민에게 무상 의료를 제공하는 영국의 보건 의료 제도 — 옮긴이.
78 Edgerton and Pickstone, "Science, technology and medicine in the United Kingdom."
79 Ibid.

과학의 재구성이 미친 영향은 버널과 영이 오래전에 몸담은 대학에서 가장 두드러진 증거를 찾아볼 수 있다. 2000년에 《파이낸셜 타임스》가 열광에 찬 논조로 한 보도에 따르면, 오늘날 케임브리지 대학교는 '과학 공원'으로 가득 차 있고 전지구적 기업가들을 상대로 하는 사업 협상에 몰두하는 곳이 됐다. '케임브리지의 첨탑들은 학문이 아닌 수익을 꿈꾸고 있다.'[80]

과학기술학 — 세상을 이해하되 변화시키지는 못하다

STS의 연구 대상인 온갖 형태로 나타나는 기술-과학적 활동이 그토록 많이 변화하고 정치화됐다면, 이 격동의 시기에 STS 자체에는 어떤 일이 벌어졌을까? 1980년대와 1990년대에 이 분야에서 나온 역사적 또는 사회학적 연구 성과 중 적어도 몇몇에 관해 스티브 풀러, 로버트 프록터, 사이먼 섀퍼, 밥 영 등이 다양하게 제기한 비판은, 이런 연구들이 서로 다른 시대와 문화에서 과학기술이 실제로 어떻게 생산되는지를 풍부한 세부 사항과 함께 잘 보여주기는 했지만 대체로 정치적 분석이나 논평은 결여하고 있다는 것이었다.[81]

예를 들어 프록터는 배리 반스, 스티븐 셰핀을 포함해 그밖의 STS에서 손꼽히는 다른 학자들이 '과학은 특정한 이해관계에 봉사하고, 과학이 인간사의 중대한 사안들을 건드릴 때 중립적인 경우는 거의

80 "Business Weekend Magazine," *Financial Times*, 2000(4 March), p. 18을 Hobsbawm, *Interesting Times*, p. 104에서 재인용.

81 Fuller, *Thomas Kuhn*; Proctor, *Value-Free Science?*, pp. 224~231; Schaffer, "Newton at the crossroads," p. 23; Young, *Darwin's Metaphor*, p. xiii를 보라.

없으며 …… 이런 문제를 실현하거나 좌절하게 하는 데 관여한다'는 인식을 널리 퍼뜨리는 데 기여한 사실을 인정한다.[82] 그러나 다른 한편으로 프록터는 이런 '사실주의' 또는 '자연주의'가 결코 충분히 멀리 나아가지는 못했다고 주장한다.

> 전례 없는 환경 파괴와 과학의 군사화에 직면한 현 상황에서 과학과 사회의 관계는 인식론적 또는 역사적 세부 사항에 그치는 게 아니라, 이 행성에 사는 인간들의 안녕과 관련된 아주 중요한 쟁점이 됐다. 다시 말해 문제는 광기의 연대기를 기술하는 게 아니라 거기에서 벗어나는 것이다. 이 경우 중립적인 사회학적 '사실주의'는 좀더 심오한 쟁점을 보지 못하게 막을 수 있다. 곧 과학이 최소한 문제의 일부이며, 대안은 과학 그 자체의 이론과 실천 속에서 찾아야 한다는 것이다.[83]

셰핀도 자기 자신을 포함해 자기 세대가 1950년대의 외적 접근/내적 접근 담론의 이데올로기적 성격을 넘어서려는 생각에서, 그리고 내가 보기에 1968년의 소요와 그 모든 것들 속에 붙들리는 상황을 피하려는 생각에서 정치적으로 '정화된' 분과 담론을 선택한 사실을 시인했다.[84] 그러나 셰핀이 1992년에 지적한 대로 순수성을 추구하는 대가는 단지 분과 학문과 그 바깥세상의 괴리에서 그치지 않고 과학에서 외적 접근과 내적 접근을 구분하는 견해를 여전히 진지하게 받아들이고 있는 다른 행위자들과 상호 작용할 능력을 상실하는 것으로

82 Proctor, *Value-Free Science?*, p. 224.
83 Ibid., p. 225.
84 Shapin, "Discipline and bounding," p. 357ff.

나타날 수도 있다. '과학 전쟁'을 목전에 둔 시점에서 쓴 셰핀의 논평은 긍정적 의미에서 예언의 구실을 했다. 그러나 과학학의 '둘째 물결'을 형성한 사람들 중 적어도 몇몇은 또 다른 물결이 다가오고 있다는 확신을 품고 그 흐름을 붙잡을 준비를 하고 있었다.[85]

좌파의 퇴각

영국에서 STS 학술 연구는 대처주의를 거치며 성공적으로 살아남았는지 모르지만 영국 좌파에 관해서는 그렇게 말할 수 없으며, 이런 상황은 영국만의 문제가 아니었다. '1980년대 이후로 현실 정치에서든 지식 사회에서든 전통 좌파의 패배는 부인하기가 어려웠다'고 홉스봄은 쓰고 있다.[86] 사회주의 스펙트럼 전체에 걸친 실패였고, 그 주위에 집결해 있는 운동들의 실패이기도 했다. 우리가 취한 전략과 전술뿐 아니라 역사는 우리 편이라고 생각할 때 마음속 깊이 품고 있던 몇몇 가정에 관해서도 대단히 부정적인 판결이 내려진 것이다.

이런 와해 국면에서 급진 과학도 예외가 될 수 없었다. 1985년 초에 밥 영이 고백한 것처럼, '1970년에 과학의 사회적 책임을 위한 영국협회가 연 현대 생물학의 사회적 영향을 다룬 학술회의에서 모습을 드러낸 반성적이고 비판적 자의식을 가진 급진 과학 운동의 약속은 …… 실현되지 못했다.'[87] 우리가 실패한 이유는 많았다. 좌파에 속해

85 Harry Collins and Richard Evans, "The third wave of science studies: studies of expertise and experience," *Social Studies of Science* 32(2), 2002, pp. 235~296를 보라.

86 Hobsbawm, *Interesting Times*, p. 275.

87 Young, *Darwin's Metaphor*, p. xi.

있던 대부분의 동지들처럼 우리는 좀더 폭넓은 사회적 기반과 접촉할 기회를 잃어버렸다. 덕분에 노동당과 노조 운동을 향한 환멸이 얼마나 널리 퍼져 있는지를 몰랐고, 그 사실이 우리가 1970년대 중반 이후 줄곧 관여하던 종류의 전략과 투쟁에 어떤 함의를 갖는지도 이해하지 못했다.

급진 과학 운동 내부를 보면 선동을 담당하는 분파와 조직을 담당하는 분파를 지속적이고 효과적으로 연결하지 못했다. 불행하게도 1979년《급진 과학 저널》8호의 표지에서 선언한 대로 '노동의 분열은 총체성에 접근하지 못하게 하는 첫째이자 가장 중요한 요인'이라는 사실을 아는 것만으로는 문제를 극복하는 데 충분하지 못했다. BSSRS를 운동을 위한 더 나은 정보 센터이자 교류 장소로 만들기 위해 더 많은 사람들이 노력해야 했는지도 모른다. 다른 한편 얼마나 많은 자기비판을 제기하든 진실은 다른 곳에 있었다. 우리는 역사적 지반이 우리에게 불리한 방향으로 빠르고 급하게 변화하는 모습을 보며 압도된 것이다.

집단적 패배에 직면한 우리는 각자 비탄에서 헤어나려고 안간힘을 썼다. 심지어 1980년에도 밥 영은 이렇게 쓰고 있다.

> 주위의 모든 마르크스주의 지식인들은 하나도 남김없이 비탄에 빠져 있다. 모든 이들은 직업, 관계, 정치 집단, 자기 학습, 자녀 양육, 집필, 국제 연대, 프라이버시의 필요성 등에 관련된 신념들 사이에, 또 그런 신념들 속에 살아 있는 모순을 날카롭게 느끼고 있다. 이 일은 대처주의와 악화하고 있는 세계 불황이 사회주의 투쟁을 점점 더 강하게 압박하고 있는 시점에서 일어나고 있다. 어떻게 하면 '국가 속에서 국

가에 맞서 싸우는' 일에서 앞으로 전진하는 것은 고사하고 그럭저럭 현상 유지라도 해낼 수 있을까?[88]

결국 우리는 모두 자신을 추슬러서 새로운 삶과 경력을 빚어내는 일에 나섰고, 그중 상당수는 우리가 스스로 준비한 경력하고 크게 동떨어진 삶을 살았다.[89] 나는 우리가 이제는 '과거를 극복했다'고 생각한다.

급진 과학의 유산과 영향

그렇다면 급진 과학이 남긴 선동적 유산과 지적 유산은 무엇일까? 1970년대에 BSSRS의 기치 아래 시작된 많은 기획들은 여전히 살아 있다. 예를 들어 런던 식품위원회London Food Commission나 런던 위해센터London Hazards Centre 같은 게 여기 속한다. 또한 전지구적 사회적 책임을 위한 과학자들Scientists for Global Social Responsibility이나 사회적 책임을 위한 컴퓨터 과학자들Computer Scientists for Social Responsibility 같은 후속 조직을 들 수도 있다.

마찬가지로, 운동이 남긴 개념적 또는 방법론적 기여 중 적어도 일부는 젊은 학자들의 작업 속에 흡수됐다. 특히 밥 영, 나 자신을 포

88 Robert Young, *Head and Hand: A Socialist Review of Books* 5, 1980, pp. 16~17(Werskey, *The Visible College*, 2nd edn, p. xii에 재수록).

89 두 사람만 예로 들면 충분할 것이다. 밥 영은 출판 사업과 심리 치료로 방향을 틀었고, 오늘날의 사회 속에서 과학을 다루는 원기 왕성하고 성공한 텔레비전 다큐멘터리 제작자로 변신하기도 했다. 나는 1987년에 오스트레일리아로 이주한 뒤 학술 연구를 그만두고 뉴사우스웨일스 대학교에서 대학 개혁 담당자이자 기업가의 삶을 시작했다. 1993년에 대학을 떠난 뒤에는 시드니에 경영 컨설팅 회사를 세웠고, 힐러리 휴즈와 함께 블루 마운틴에 생태 관광 휴양지를 만들었다.

함해 다른 사람들이 가르친 예전 학생들이 그렇다(내가 가르친 학생들은 데이비드 에저튼이나 도널드 매켄지 같은 이들이다). 아마도 RSJ의 유산을 가장 강하게 받아들인 사례는 한 무리의 페미니스트 학자들일 것이다. 가장 두드러진 인물은 도나 해러웨이, 이블린 폭스 켈러, 모린 맥닐(1970년대 학술지 동인 중 한 명이기도 했다) 등이 있다.[90] 그밖에는 최근 STS 문헌에서 RSJ의 분석 틀, 개념, 논문들에 관한 명시적 언급이 나오지 않기 때문에 이 운동이 주류 학술 연구에 미친 영향의 성격과 폭을 가늠하기가 어렵다. 그러나 《문화로서의 과학》과 이 학술지의 편집인은 지금도 존재하며, 그런 점에서 자본주의 과학에 관한 급진적 비판의 과거와 현재를 잇는 강력한 연결 지점이 적어도 하나는 남아 있다.

90 급진 과학의 영향을 받은 페미니스트들의 저작이 꾸준히 나타난 이유는 1980년대 이후 페미니스트 운동이 훨씬 더 오랫동안 꿋꿋하게 지속된 상황에 관련된 듯하다. 이런 사실은 같은 시기에 마르크스주의 정치가 갑작스럽게 몰락한 상황에 대조된다.

3악장

론도,
테마 콘 바리아찌오네

— 다시 한 번 연주해줘, 샘?

Rondo: Theme con Variazioni 론도 형식으로 주제에 다양한 변주를 곁들임

사반세기 전에 영국과 그밖의 다른 지역에서 급격하게 몰락한 뒤, 셋째 과학 좌파가 조만간 어딘가에서 출현할 가능성은 얼마나 될까? 만약 그런 일이 생긴다면, 이전 시기의 마르크스주의적 비판의 주요 주제들을 기억해야 한다고 주장하는 '샘'의 배역은 어떤 사람이나 조직이 맡게 될까?[1] 나는 셋째 파트를 '론도' 양식에 맞춰 썼다. 이런 가능성을 반복되는 주제에 들어가는 변주로 본 것이다. 별로 알려지지 않은 최근 작품인 조지 촌타키스의 1991년 작품 〈유령 변주곡Ghost Variations〉은 내가 가진 회의적이면서도 추측하는 분위기를 완벽하게 포착하고 있다.[2]

이 부분에서는 먼저 앞선 두 차례의 운동에 관한 서술에서 우리가 끌어낼 수 있는 역사적 교훈을 개관한다. 이어 그런 주제들을 배경으로 깔아놓고, 오늘날의 정치와 학술 연구에서 일어나는 교란이 마르크스주의적이건 그렇지 않건 간에 자본주의 기술 과학에 관한 새로운 정치적 비판의 전조가 될 수 있을지 생각해본다. 마지막으로 나는 (앞선 시기의 비극적 에피소드와 희비극적 에피소드에 뒤이은) 셋째 운동이 행운을 만나서 좀더 정의롭고 안정된 전지구 사회, 좀더 사회의식을 갖추고 비판적으로 이론화된 STM에 기대어 지탱되는 사회를 만드는 데 일조할 수 있는 조건은 무엇일지 추측해볼 것이다.

1 영화 〈카사블랑카〉에서 잉그리드 버그먼이 피아니스트 샘에게 예전에 즐겨 부른 노래 〈시간이 흐른 뒤(As Time Goes by)〉를 들려달라며 말한 "다시 한 번 연주해줘, 샘(Play it, Sam)"이라는 유명한 대사를 빌려온 표현이다 — 옮긴이.

2 이 곡은 스티븐 호프의 음반 〈뉴욕 베리에이션(New York Variations)〉(Hyperion CDA67005)에 멋지게 연주돼 있다. '유령'은 마치 베토벤이 '대필'한 것 같은 인상을 촌타키스에게 심어준 모차르트의 주제다.

역사적 교훈

이 글에서 '단기 20세기'를 재빠르게 훑어보면서 끌어낸 정치적 교훈은 정치에 관심을 가진 사람이나 역사에 관심을 가진 사람에게 모두 흥미로울 것이다.

먼저 1848년 혁명 같은 어떤 한 세기에 취해진 행동이 애초 의도한 결실과 비슷한 것에 도달하는 데 100년이 걸릴 수도 있다는 점을 지적하고 싶다. 심지어 그토록 오랫동안 갈구해 얻어낸 승리도 결코 되돌릴 수 없는 것은 아니다. 계속해서 방어하고 확장하지 않는다면 뒤집힐 수도 있다. 마찬가지로 우리는 지금도 여전히 반향을 불러일으키고 있는 1968년의 정치적 열망을 아직 단념할 수 없다.

아울러 분명한 것은, 대체로 볼 때 지역적 수준의 정치 투쟁이라 하더라도 그 기원과 운명을 이해하려면 점차 전지구적 시각이 요구되고 있다는 사실이다. 반대로 이런 지역적 정치 투쟁이 전세계에 영향을 미칠 수도 있다. 예를 들어 영국에서 첫째 과학 좌파도, 둘째 과학 좌파도 전쟁 이전의 소련 공산주의와 전쟁 이후의 미국 자본주의의 영향이 없었다면 분명 그런 형태로는 나타나지 못했을 것이다.

지난 세기의 또 다른 두드러진 특징인 심대한 불안정성, 신경과민, 불확실성('장기 호황' 시기는 부분적으로 예외겠지만) 역시 전쟁 이전의 과학 좌파와 1968년 이후 급진 과학의 갑작스러운 부상과 몰락 속에 반영돼 있다. 1968년 이후의 급진 과학은 심지어 자신이 가진 전망의 가치를 입증할 수 있는 '좋은 전쟁'하고 비슷한 것조차 가져보지 못했다. 뿐만 아니라 이런 반대 운동들의 사기와 목표 지점은 계속해서 변화했는데, 그 이유는 부분적으로 이전 시기에 거둔 성과가 미친 영향(과 뒤이은 실망) 때문이었지만, 그것보다는 좀더 폭넓은 정치적 장에서 펼쳐지는 훨씬 더 중요하고 갑작스런 변화가 주요 요인으로 작용했다. 1945년 이후 예전의 동맹국이 적의에 가득 찬 냉전의 적국으로 탈바꿈하는 데는 겨우 2년밖에 걸리지 않았다. 영국에서 복지국가에 관한 전후의 합의를 칭송하던 흐름이 마거릿 대처의 사랑을 받은 빅토리아 시대의 가치, 곧 신자유주의 '레이거노믹스'로 지탱되고 새로운 세계화 체제를 통해 강제되는 가치로 (최소한 수사적인 차원에서) 대체되는 데까지 걸린 시간 역시 그리 길지 않았다.

중요한 주제 중 하나는 두 차례의 운동을 촉발하고 유지하는 과정에서 희망이 맡은 구실이었다. 과학 좌파는 더 나은 삶과 사회를 향한 분명하고 강력한 열망뿐 아니라 좌파의 영민함, 투쟁, 행운을 통해 이 열망을 실현할 수 있다는 강한 믿음에 의지하고 있었다. 물론 첫 운동이 스탈린주의하고 동일시되면서, 이런 희망을 어디에 투자할 것인가 하는 문제에서 더 큰 주의와 선견지명이 필요하다는 사실이 좀더 분명해졌다. 그러나 20세기가 '인류가 품어온 희망 중 가장 큰 희망을 낳고는 모든 환상과 이상을 파괴해버렸다'고 말한 예후디 메뉴인의 견해에 동의한다면,[3] 지금은 사회 진보의 가능성 자체에 관한 믿

3 Hobsbawm, *The Age of Extremes*, p. 2에서 재인용.

음이 위험에 놓여 있는 셈이다.

이런 '근대주의적' 믿음을 그토록 강하게 품고 있던 좌파가 1980년대에 몰락한 뒤 지금도 이전의 영향력과 비슷한 수준을 회복하지 못한 사실은 분명 결코 우연이 아니다. 이렇게 대중 투쟁을 통한 사회의 변화가 일시적으로 포기되면서 함께 나타난 두 가지 현상이 있다. 어쩌면 자연스러운 일이겠지만, 환경을 살리는 데 초점을 맞춘 운동과 정당이 부상했고, 동시에 '지도력'에 관한 전지구적 숭배가 나타났다. 여기서 정부, 기업, '공동체'에 '대대적인 변화'를 일으킬 희망은 특출한 개인들(종종 서부극에서나 볼 수 있는 착한 사람)의 넓은 어깨 위에 온전하게 기대게 됐다.

또한 영미-유럽-공산주의 좌파와 이것을 지탱하던 진보적 사회 변화의 희망이 소진된 것은 기술 과학 활동이 자본주의 속으로 더 많이 통합된 현상과 시기적으로 일치하며 밀접히 연관돼 있다. 이런 변화는 단지 물질적 힘에서 그치지 않고 지배 문화의 중요한 구성 요소로 나타났다. 변화는 과학뿐 아니라 사회주의에 관해서도 중대한 '극적 전환점'이었다. 이전까지 사회주의를 포함해 다른 세속적 운동들은 과학을 동맹군이자 동료인 '전세계적 해방의 동인'으로 간주했다.[4] 이런 동일시는 버널주의의 근간이었고 전쟁 이전 과학 좌파의 희망을 구성했다. 그러나 전후의 미국과 영국 자본주의가 학술 연구와 산업 연구 개발에 관련된 공공과 민간 영역의 상당한 투자의 뒷받침을 받아 자기 나름의 반공주의적 과학주의 이데올로기를 세운 뒤, 과학은 좌파의 오랜 역사에서 처음으로 정치적 표어가 아닌 미심쩍은 문화적

4 Hollinger, *Science, Jews, and Secular Culture*, p. 157.

자원이 됐다. 이제 그람시의 말처럼 사회주의가 도래하려면 (마르크스가 강조한) 올바른 물질적 조건뿐 아니라 자본주의의 새로운 과학 헤게모니가 약화돼야 한다는 사실이 둘째 급진 과학 운동에 분명해졌다. 아울러 첫째와 둘째 과학 좌파는 반자본주의 사회운동에 끊임없이 제기되는 몇몇 도전을 드러내는 데 일조했다. 또한 체제에 포섭되거나 주변화되는 위험에 자신들을 노출하는 전략적 선택을 내려야만 했고, 이론과 선동 작업을 결합하는 한편으로 자신들의 활동을 좀더 폭넓은 정치 투쟁에 연결하기 위한 조직의 지혜가 필요했다(전쟁 이전의 과학 좌파는 이 점에서 분명 좀더 성공을 거뒀는데, 대체로 그 시기의 사회주의 정치가 좀더 응집력을 갖고 있었기 때문이다).

폭넓은 범위에 걸친 청중들하고 관계를 맺고 다양한 견해를 듣는 능력 또한 매우 중요하다. 첫째 운동과 둘째 운동은 모두 비슷한 생각을 가진 해외의 동지들이나 영국 내의 좀더 폭넓은 견해의 흐름, 또는 의견을 달리하거나 소수 의견을 가진 사람들(예를 들어 혹벤, 오웰, 니덤, 혹은 제리 라베츠)을 잇는 연결 고리를 유지하는 데 그리 성공을 거두지 못한 것으로 드러났다. 지난 수십 년 동안 미디어를 효과적으로 접촉하고 활용하는 문제도 중요해졌다. 여기서도 전쟁 이전의 좌파, 그중에서도 특히 홀데인과 혹벤이 자신들을 계승한 1968년 이후의 운동보다 일을 더 잘해냈다. 첫 세대는 폭넓은 대중에게 정치와 과학에 관해 분명하고 설득력 있는 언사와 관점을 제공했다. 반면 RSJ 동인을 중심으로 한 1968년 이후의 운동은 비판과 자기비판에 좀더 개방적이어야 한다고 주장했고, 자신들의 사회주의 논의를 실제 행동으로 보여줄 필요성을 전쟁 이전의 운동보다 더 심각하게 받아들였다.

마르크스주의는 STS의 모든 하위 분야에서 주된 뿌리를 구성한다. 카를 마르크스가 이 분야 전체의 지적 대부라는 주장도 가능할 법하다.[5] 소련은 이데올로기적 확신과 실용적 필요에서 과학사, 과학기술 정책, 과학기술 계획을 전담하는 기구를 세계 최초로 만들었다. 소련 마르크스주의의 영향은 전쟁 이전 영국 과학 좌파의 이론 작업을 통해 확장됐고, 나중에는 해롤드 윌슨이 주창한 미래 기술 혁명의 '백열' 속에서 영국 최초의 과학학 교육 센터와 연구 센터의 설립으로 이어졌다.

단기 20세기(1914~1990년) 내내 소련, 영국, 중유럽, 미국 마르크스주의자들의 계보는 과학을 대상으로 하는 역사적 또는 사회학적 연구에 두드러진 기여를 했다. 뿐만 아니라 이런 연구는 고전 마르크스주의, 소련 마르크스주의, 프랑크푸르트학파, 구조주의적 마르크스주의, 급진 자유주의적 마르크스주의 등 서로 다른 마르크스주의의 관점에서 수행됐고, 그 속류성과 세밀성에서도 매우 다양했다. 기술-과학 활동과 아이디어는 경제적 토대, 이데올로기적 상부 구조, 그리고 변증법적으로 이 둘 내부, 주위, 사이의 온갖 지점에 다양하게 귀속됐다. 《급진 과학 저널》의 노동 과정 관점을 중심으로 하는 가장 최근의 종합은 유망해 보이지만 여전히 검증이 되지 못했다. 이런 상황을 모두 합치면 풍부하고 복잡하고 충분히 활용되지 못한 유산이 남는다. 이 유산을 새로운 세대의 학자와 활동가들이 재전유하는 것은 여전히 가능한 일이다.

5 J. D. Bernal, *Marx and Science*, New York: International Publishers, 1952에 실린 벤저민 패링턴의 서문을 보라.

좀더 넓게 정치적 측면에서 보면, 이 글은 넓은 범위에 걸치면서 동시에 회의적이고 비판적인 역사 연구의 가치가 여전하다는 내 믿음에서 비롯됐다. 이 믿음은 분명 내가 이 특별한 여정에서 주된 동반자로 삼은 두 사람, 곧 에릭 홉스봄과 밥 영의 관점이기도 할 것이다.

우리가 사는 세계는 '그것을 만들어낸 사람까지 포함해서 하나같이 속이고 숨기고 덮어씌우기 위해 지어낸 …… 조지 오웰의 미래 전체주의를 떠오르게 하는 단어와 이미지'로 여전히 넘쳐나고 있다.[6] 오늘날처럼 모든 시민들이 뉴스 매체, 특히 거기서 해설되는 기업과 정부의 보도 자료를 비판적이고 역사적으로 해독할 능력을 갖추는 능력이 필요한 시기는 일찍이 없었다. 불행하게도 우리에게 필요한 역사적 상상력은 지금 위협받고 있다. 이런 상황은 '역사의 종말'을 주장하는 지식인 나부랭이뿐 아니라 매체가 유발한 일종의 역사적 기억 상실에 따른 것이기도 하다. 지난 세기 말에 홉스봄은 이렇게 단언할 수 있었다.

> 현재 속의 과거를 포함해서 과거가 자신의 구실을 잃어버린 세상, 개별적 또는 집단적으로 사람들을 일생 동안 안내해온 이전의 지도와 해도가 우리가 움직이는 곳의 풍경과 우리가 항해하는 바다를 더는 나타내지 않는 세상, 우리가 어디로 여행하고 있는지 모르며 어디로 가야만 하는지도 모르는 세상이 어떤 모습인지를 아는 것이 금세기

6 Hobsbawm, *Interesting Times*, p. 412.

말에 처음으로 가능해졌다.[7]

이미 나는 입양한 자식들에게서 이런 사고방식을 봤고, 그 아이들이 자기들 못지않게 소중한 손자 손녀들에게 우리 자신은 누구이고 우리 전지구 사회는 어디로 향하고 있는지 이해하도록 일종의 역사적 길잡이 노릇을 어떻게 해낼지 궁금하다. 물론 역사 자체가 우리를 현명하게 만들어주지는 않는다. 세상을 유쾌한 방향으로 이끄는 좀더 심층에 자리하는 경제적, 정치적, 문화적 힘들을 드러내는 한편으로, 사회의 성취와 치욕의 기저를 형성하는 가치들에 관해 회의적이고 편견 없는 비판을 과감히 제시하려 애쓰지 않는다면 말이다. 나 자신의 노력이 보여주는 것처럼, 이것은 역사가들이 최선을 다할 때도 오직 근접할 수만 있을 뿐인 지고한 이상이다.

7 Hobsbawm, *The Age of Extremes*, p. 16.

셋째 운동?

결국 불만, 희망, 지도력이 어떻게 뒤섞이면 자본주의 과학과 그것이 지탱하는 데 일조하고 있는 전지구적 사회 체제를 향한 (탈마르크스주의적인?) 비판과 변혁에 다시 생명을 불어넣을 수 있을까 하는 의문은 여전히 남아 있다.

세계화를 향한 불만은 이미 널리 알려져 있다. 그중 가장 두드러진 것으로 지구 온난화가 주는 두려움이 있지만, 그밖에도 다음 같은 주제들이 포괄돼 있다. 첫째, 사회와 지역 내부와 그 사이에 고착되는 사회적 불평등과 경제적 불평등. 둘째, 그 결과 개인, 공동체, 노조, 사회운동, 정치적 반대자들의 권한이 약화되는 현상. 셋째, 풍요의 증가, '진보', 기술 과학의 진전에 연관된 감성적 비용, 재정적 부담, 심지어 물질적 혜택에 관해 심지어 야심만만하고 풍요를 누리는 계층 사이에서도 놀라울 정도로 널리 퍼진 환멸. 넷째, 사회를 불안정하게 하는 테러와 재군비의 영향으로 개인적, 국가적, 전지구적 안보가 축소되는 현실이 주는 두려움. 희생자이건 비판자이건 간에, '우리는 이렇게 더는 살 수도 없고 살지도 않을 거야'라고 외치는 많은 목소리들이 현재 터져 나오고 있다. 따라서 이런 불만들을 지배적 사회 질서에 맞선 좀더 지속적이고 근본적인 도전으로 전환시키려는 이들의 과제는 우리의 비판을 심화시키고 확장시켜 더 규모가 크고 효과적인 선동 공간을 만들어내고, 변화를 추구하는 사람들 사이에서 양심과 지도력을 더욱 고취하며, 승리해서 더 나은 세상을 만들어낼 수 있다고 믿는 담대한 희망을 품도록 우리를 모두 고무하는 데 있다.

이런 과제들 중 상당한 비중을 두고 싶은 것은 현재 주류 정치와 매체를 지배하고 있는 정치와 경제, 신자유주의, 기술 과학의 이데올로기에 맞서 대대적인 대항 헤게모니 공격을 감행하는 것이다. 이런 비판의 명료성, 적확성, 그리고 궁극적으로 시의적절함을 높이면, 그래서 불만의 진정한 원천과 원동력에 관한 의식을 고양하면 선동의 기반을 넓히고 그 지도력과 유효성을 높일 가능성은 더 커질 것이다.

기후 변화는 사회 변화의 지렛대

좌파에 속하는 사람들에 국한되지 않는 많은 단체들을 움직이는 힘을 지닌 가장 명확한 불만은 전지구적 기후 변화에 관한 문제다. 환경 문제는 전세계적으로 널리 퍼져 있고, 지역의 비극과 잠재적인 전지구적 재난이라는 두 가지 형태로 모두 분출하고 있다. 이런 불만은 자본주의 세계 경제의 재구조화와 성장에 따라 나타나 더욱 깊어지고 있는 게 분명하다.

가장 강력한 정치적이고 문화적인 저항의 움직임(꼭 반자본주의가 아니더라도) 중 일부는 세계화에 수반된 생태 파괴에 연결돼 있다. 종종 급진적 색채를 띠는 녹색당의 창당과 성장, 슬로푸드 운동의 부상 등이 여기 포함된다. 교토 의정서에 반대하는 미국 정부의 태도는 세계에서 가장 강대한 자본주의 국가를 지배하는 반환경적 우선순위

뿐 아니라 기후 변화의 과학이 그토록 속보이게 정치화된 과정에 이목을 집중시켰다. 이런 상황은 적어도 생태적 지향을 가진 과학 좌파가 정부와 기업을 상대로 환경 투쟁을 벌이는 지역 단위와 전국 단위 단체들의 정보 센터이자 자원으로 기능하기 위한 요소다('국경 없는 과학자회Scientists without Borders'가 보여주는 국제 연대를 떠올려보라). 그러나 환경 파괴와 그 사회적 영향에 관한 반대가 중요하기는 하지만, 사회 변화를 요구하는 대중 운동으로 반드시 이어지는 것은 아니다. 환경 파괴를 일으키는 정치적이고 경제적인 동인들과 이런 요소가 그것에 못지않게 중요한 다른 긴급한 불만들에 연결되는 과정에 관한 좀더 심층적인 이해가 필요하다.

유령의 소환

두 차례의 운동이 남긴 이론적이고 선동적인 유산들이 현재 형성되고 있는 또 다른 운동에 어떤 적합성을 갖거나 영감을 줄 수 있는지는 젊은 학자와 활동가들이 판단할 문제다. 이 글을 검토한 좀더 젊은 세대의 심사 위원 중 한 명이 지적한 것처럼, '지금은 지난 세기의 과학 좌파들의 유령이 출몰하고 있는 시기다.' 그러나 지금껏 우리가 한 작업에 쏟아진 관심은 정치적 영감을 얻으려는 노력이라기보다 '고고학적'인 시도에 좀더 가까웠다. 2005년 국제 과학사 대회에서 있은 분과[8]나

8 "Politically engaged scientists, 1920~1950: science, politics, philosophy, history," presented at the International Union of History and Philosophy of Science, *XXII International Congress of History of Science*, Beijing: Institute for the History of Natural Science, Chinese Academy of Sciences, 2005, pp. 54~63을 보라.

2006년 프린스턴 대학교에서 열린 과학사 워크숍이 그러했다.

이 글은 학자-활동가들이 우리가 한 작업을 되살리고 다시 옥석을 가릴 수 있게 영감을 주려는 생각에서 썼다. 자본주의 과학에 관해 현재의 상황에 좀더 부합하는 급진적 비판을 발전시키려 할 때 도움을 줄 수 있게 말이다. 이런 되살림을 통해 (예를 들어) 기후 변화의 현상, 과학, 정치를 이해하는 것뿐 아니라 그 흐름을 멈출 수 있는 좀더 효과적인 개입을 뒷받침하는 문제에서도 RSJ의 이론적 또는 방법론적 모델의 유효성이 검증될 수 있을 것이다.

우리가 궁극적으로 다름 아닌 그 목표에 기여할 수 있다면 나는 조지 촌타키스의 〈유령 변주곡〉에서 엿볼 수 있는 모차르트의 유령처럼, 바라건대 더 나은 세상을 만들어낼 아이디어와 투쟁의 새로운 변주를 창조해내는 데에서 우리가 계속 중요한 구실을 하고 있다는 확신을 얻을 것이다.

옮긴이의 말

'과학'과 '좌파'는 어째 좀 어울리지 않는 조합처럼 보인다. 아마도 우리가 과학에 갖고 있는 뿌리 깊은 관념 때문일 것이다. 과학은 오로지 '자연'의(또는 자연을 모방해 인공적으로 만들어낸) 사실만을 대상으로 연구하는 학문이며, '사회'의 개입은 과학이 자연을 올바르게 반영하는 것을 '왜곡'할 뿐이라는 생각 말이다. 이런 이유 때문에 과학자들은 흔히 되도록 한 주변 사회하고는 담쌓고 오직 실험실과 야외에서 실험과 관찰에만 몰두하는 사람들로 그려지기 일쑤이며, 또 그런 모습이야말로 바람직한 과학자의 상으로 이상화된다.

그러나 실제 역사 속의 과학자들을 되돌아보면 이런 선입견이 틀리다는 것을 이내 알 수 있다. 과학자들은 역사가 자신을 스쳐 지나가게 내버려둔 채 그 속에서 자기 할 일만 하는 투명인간 같은 존재가 아니었다. 과학자들은 당대 사회의 환경에 다양한 방식으로 대응했고, 때로 이런 대응은 적극적인 정치적, 사회적 참여의 형태를 띠었다. 특히 역사상 그 유례를 찾아볼 수 없는 격변들이 전세계를 뒤흔든 20세기를 살아간 과학자들은 결코 자신이 살아가고 있는 사회의 모순과 역설에서 자유로울 수 없었다. 두 차례의 세계 대전, 파시즘, 냉전, 핵 군비 경쟁, 이데올로기 전쟁을 차례로 겪으면서, 과학자들은 좋건

싫건 자기 나름의 정치적, 사회적 태도를 정하고 거기에 맞게 행동(적극적인 옹호 또는 저항이건, 소극적인 순응이건)할 수밖에 없었다.

1970년대 영국에서 활동한 과학사가이자 급진 과학 운동에 투신한 활동가이기도 한 노학자 게리 워스키가 2007년에 발표한 긴 논문을 우리말로 옮긴 이 책은 20세기를 살아간 좌파 과학자들의 고민, 활동, 역경, 좌절과 우리에게 남긴 유산을 일목요연하게 보여준다. 저자는 먼저 20세기의 과학 좌파 운동을 낳은 사회적 모순과 그 속에서 과학의 변화하는 구실에 관해 개관한 뒤 두 차례에 걸쳐 진행된(1930~40년대의 구 과학 좌파와 1968년 이후의 신 과학 좌파) 운동이 각각 과학과 사회의 관계를 어떻게 이해했고, 어떻게 바람직한 방향으로 재구성하려 했는지를 차례로 그리고 있다.

첫째 과학 좌파에 관해서는 연구자로, 둘째 과학 좌파에 관해서는 내부 관찰자이자 활동가로 직접 관여한 저자의 독특한 이력 때문인지, 이 책이 묘사하고 있는 20세기 과학 좌파 운동의 전개는 단순한 정보 전달에서 그치지 않고 때로 뭉클한 감동을 안겨주기도 한다. 책의 끝부분에서 저자는 이런 과거의 복원이 단지 지난날을 향한 고고학적 호기심을 충족하는 데 그치지 않고 앞으로 나타날지 모를 제3의 과학 좌파 운동을 위한 밑거름이 되기를 바라는 희망을 피력하고 있는데, 역시 단순한 역사 연구자라기보다는 동시대의 역사적 흐름을 응시하는 예리한 관찰자이자 전직 활동가의 시선을 느낄 수 있는 대목이다.

이 논문을 번역하게 된 계기는 거의 20여 년 전으로 거슬러 올라간다. 공대 학부 재학 시절에 '과학기술학회'를 만들어 선후배들하고 함께 과학기술 운동에 관한 고민을 나눈 적이 있다. 그런데 그때 우리가 접할 수 있던 몇 안 되는 우리말 문헌에는 버널주의(첫째 과학 좌파)를 비판하면서 1968년 이후에 등장한 급진 과학 운동의 문제의식만 간략히 정리돼 있을 뿐, 그런 문제의식이 어떻게 발전했고 또 그런 운동의 조직가들은 나중에 어떻게 됐는지에 관한 내용이 빠져 있어 궁금증을 자아냈다. 아쉽게도 이 대목은 옮긴이가 대학원에 진학해 과학기술사를 공부하고 STS에 관심을 갖기 시작한 뒤로도 계속 그 상태로 남아 있었다. 줄곧 품고 있던 궁금증은 2000년대 들어서 1968년 이후의 과학자 운동과 급진 과학 운동에 관한 학술 연구들이 차례로 등장하면서 조금씩 풀리기 시작했고, 몇 년 전 발견한 이 논문은 그런 여러 학술 연구들 중에서도 단연 흥미로운 내용을 담고 있었다. 이 논문의 번역은 그런 반가움을 다른 사람들하고 조금이나마 공유해보려고 시작한 일이었고, 2011년부터 2012년 사이에 시민과학센터의 소식지《시민과학》에 네 차례에 걸쳐 연재된 뒤 이매진 출판사의 배려로 이번에 책으로도 묶여 나오게 됐다. 이 자리를 빌려 논문의 한국어판 번역 출간을 아무런 조건 없이 흔쾌히 수락해주신 워스키 박사께 감사의 말씀을 드린다.

그러나 저자 자신도 강조하고 있듯이 20세기 과학 좌파 운동을 향한 관심이 단지 지나간 과거에 관한 고고학적 궁금증을 해소하는 데 머물러서는 안 될 것이다. 사실 이 책의 내용은 지난 20여 년 동안 한국의 과학기술(자) 운동이 걸어온 길에도 흥미로운 함의를 던져줄 수 있다. 한국의 과학기술(자) 운동은 1980년대 후반과 1990년대 초반에 짧은 전성기를 맞은 뒤 1990년대 중반 이후 급격하게 쇠퇴했다. 돌이켜보면 그 짧은 기간 동안, 아니 어떤 의미에서는 지금까지도 한국의 과학기술(자) 운동은 이 논문에서 그려내는 첫째 과학 좌파 운동, 곧 버널주의에서 거의 벗어난 적이 없다. 요컨대 한국의 과학기술(자) 운동은 서구의 과학 좌파가 경유한 급진 과학 운동의 전통을 한 번도 받아들인 적이 없는 셈이다. 이 문제는 셋째(한국의 경우에는 둘째?) 과학 좌파 운동을 만들어내는 문제에 관련해 저자가 던지고 있는 화두를 더욱 복잡하게 만들고 있으며, 앞으로 한국에서 '과학 좌파'라는 화두를 붙들고 씨름할 모든 사람들에게 중요한 고민거리를 던져줄 수 있을 것이다. 부디 이 책의 번역이 그런 고민의 심화에 조금이나마 도움이 될 수 있기를 바란다.